~ 修订版 ~

西域考古图记

[英]奥雷尔·斯坦因 / 著

中国社会科学院考古研究所 / 主持翻译

XIYU KAOGU TUJI

· 第五卷 ·

GUANGXI NORMAL UNIVERSITY PRESS
广西师范大学出版社
· 桂林 ·

总 策 划：张艺兵
出版统筹：罗财勇
责任编辑：罗财勇
　　　　　唐　娟
助理编辑：李英俊
责任技编：李春林
整体设计：智悦文化

图书在版编目（CIP）数据

　西域考古图记：修订版：全 5 卷 /（英）奥雷尔·斯坦因著；
中国社会科学院考古研究所主持翻译 . —2 版 . —桂林：　广西
师范大学出版社，2019.3（2020.6 重印）
　ISBN 978-7-5598-1510-1

　Ⅰ . ①西… Ⅱ . ①奥… ②中… Ⅲ . ①西域－考古－图集
Ⅳ . ①K872.4-64

　中国版本图书馆 CIP 数据核字（2018）第 289523 号

广西师范大学出版社出版发行

（广西桂林市五里店路 9 号　邮政编码：541004）

　网址：http://www.bbtpress.com

出版人：黄轩庄

全国新华书店经销

广西民族印刷包装集团有限公司印刷

（南宁市高新区高新三路 1 号　邮政编码：530007）

开本：720 mm × 1 020 mm　1/16

印张：228　　插页：4　　字数：3850 千字

2019 年 3 月第 2 版　　2020 年 6 月第 2 次印刷

定价：1980.00 元（全五卷）

目　录

目　录

1

◎陶塑

出自约特干

见第四章第二、三节

比例：5:7

◎陶塑

出自约特干

见第四章第二、三节

比例：7:10

Yo. 0058.　　Yo. 008. a.　　Yo. 0045. e.　　Yo. 0061.

Yo. 0030. b.

Yo. 0057　　Yo. 0025. j.　　Yo. 0025. b.　　Yo. 0023. a.

Yo. 0023. a. 2.

Yo. 0028. a.　　Yo. 0023. b.　　Yo. 0046. c.

Yo. 0039. j.

Yo. 2 (front)　　Yo. 2 (back).　　Yo. 008. c.

Yo. 1.

Yo. 0019.

///

◎陶塑

出自约特干

见第四章第二、三节

比例：1:1

IV

◎各种陶器及玻璃制品

出自和田至甘州之间不同地点

比例：见图版

比例：1:4

Yo. O1. a.

T. XXIX. 0013.

Khot. 00102

Ka. I. 0019.

比例：1:3

Yo. 00178.

C. 125. a.

A. T. iv. 1.

A. T. iv. 2.

V. S. 001.

A. T. 001.

Mi. xxiii. 0026.

A. T. 045.

A. T. 004.

M. Tagh. a. 0024.

Si. 001.

Yo. 0043. a.

A. T. 003.

U. M. 001.

A. T. 013.

Yo. 0039. K.

T. XII. 2.

Brep. 002.

C. 125, 129. a.

Moji. a

Yo. 0060.

Chong-tim. 004.

A. T. 0012.

A. T. 040.

C. 122. 001.

A. T. 051.

Maira. 002.

So. 0047.

U. M. 005.

LA. I. iv. 001.

T. XI. C. 155, 0010.

So. 0030.

比例：1:1

Chong-tim. 0030.

Yo. 00101, a.

Mi. x-xi. 004.

Mi. x-xi. 002.

B. S. 001.

T. XXVII. 2.

So. 0023.

Khot. 006.

So. A. 001.

So. 0033.

Kan-chou. 0026.

So. 0051.

Kan-chou. 0024.

Yo. 00114

Khot. 007.

Jiya. 001.

Mi. x-xi. 003.

Yo. I.

Kolpin. 0010. a.

So. A. 003.

Yo. 00125.

Jiya. 005.

Yo. 05. I.

Khot. 02. q.

Khot. 02. r.

So. A. 002.

So. A. 005.

So. 0038.

So. 0044.

T. XI. 001.

◎石质、金属质及陶质印章

主要出自约特干及和田其他遗址

见第四章第二、三节

比例：1:1

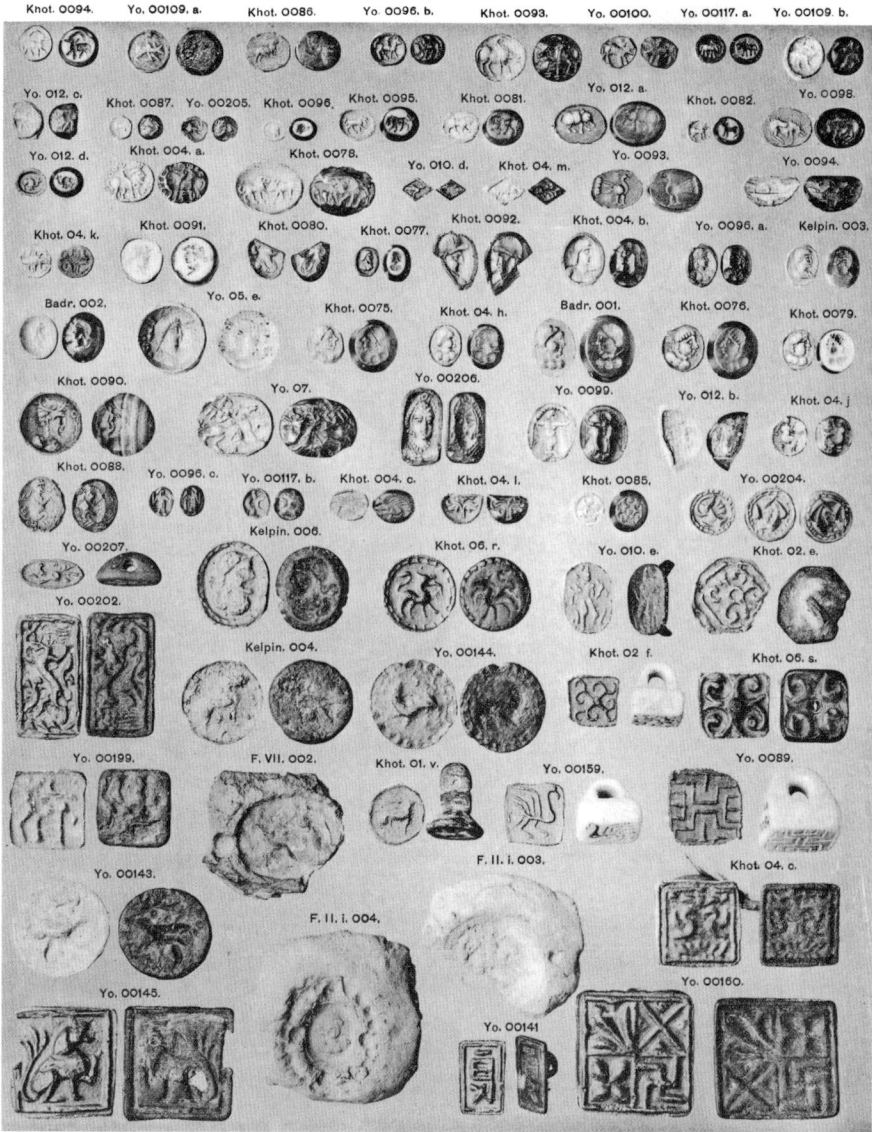

◎大多为石质或金属质物件

出自和田、柯坪及其他遗址

见第四章第二、三节

比例：1:1

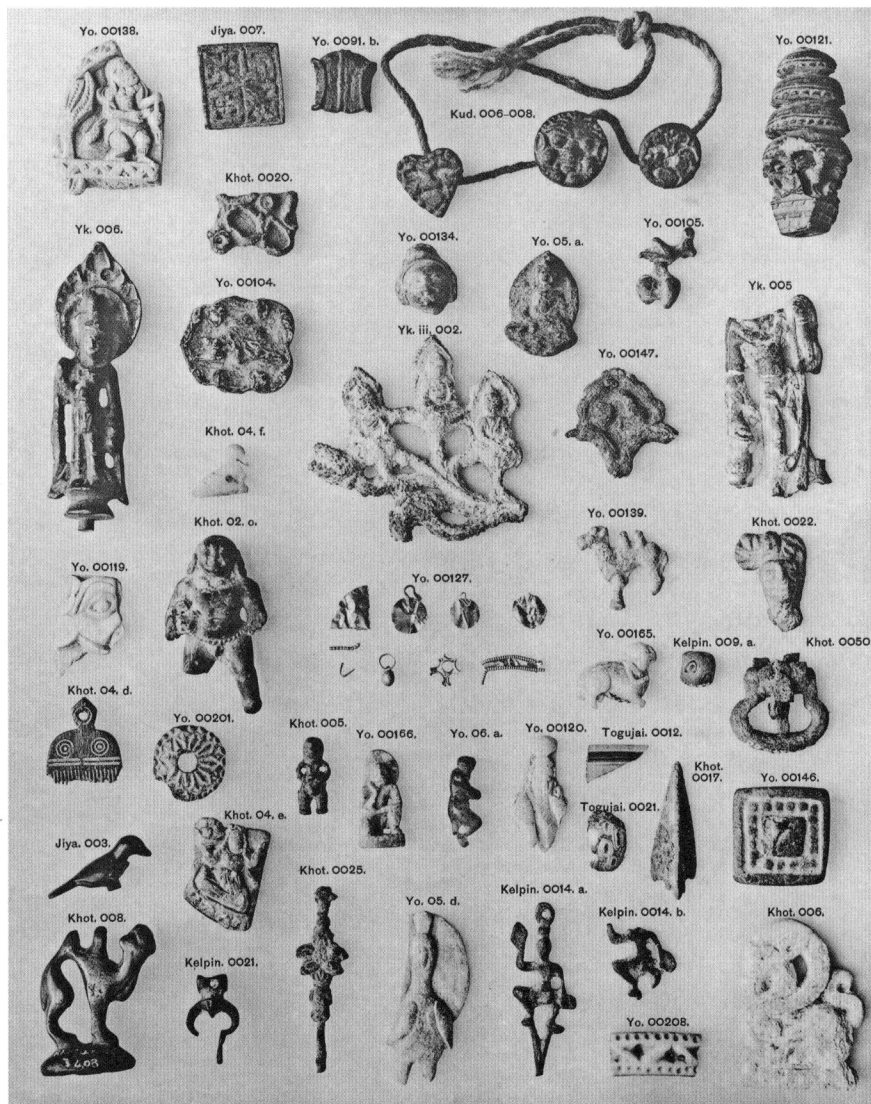

◎多为金属质物件

出自和田、南湖、吐鲁番及柯坪

见第四章第二、三节，第十六章第三、六节

比例：1:1

Yo. 0091. a.

Khot. 02. c.

Khot. 009.

Yo. 00174.

Yk. i. 001.

Yk. 007.

Khot. 0046.

Kelpin. 0020.

Kara-khōja. 001

Khot. 02. h.

Yo. 00173.

Yo. 00118.

Yo. 0081.

Chong-tim. 0040.

Nan. K. 009.

Yo. 0082.

◎泥浮雕残片

阿克铁热克遗址出土

见第四章第五、六节

比例：1:2

A. T. ii. 0056.　　A. T. v. 0039.　　A. T. 017.　　A. T. iii. 0089.

A. T. v. 0032.

A. T. iv. 0096.

A. T. i. 0059.

A. T. iv. 0099.

A. T. v. 0049.

A. T. v. 0072.

A. T. ii. 0041.

A. T. i. 0012.

A. T. v. 0017. b.

A. T. v. 0036.　　A. T. v. 0071.　　A. T. ii. 0020.　　A. T. v. 0056.

◎泥浮雕残片和陶像

主要从阿克铁热克遗址出土

见第四章第五、六节，第五章第二、三节

比例：5:8

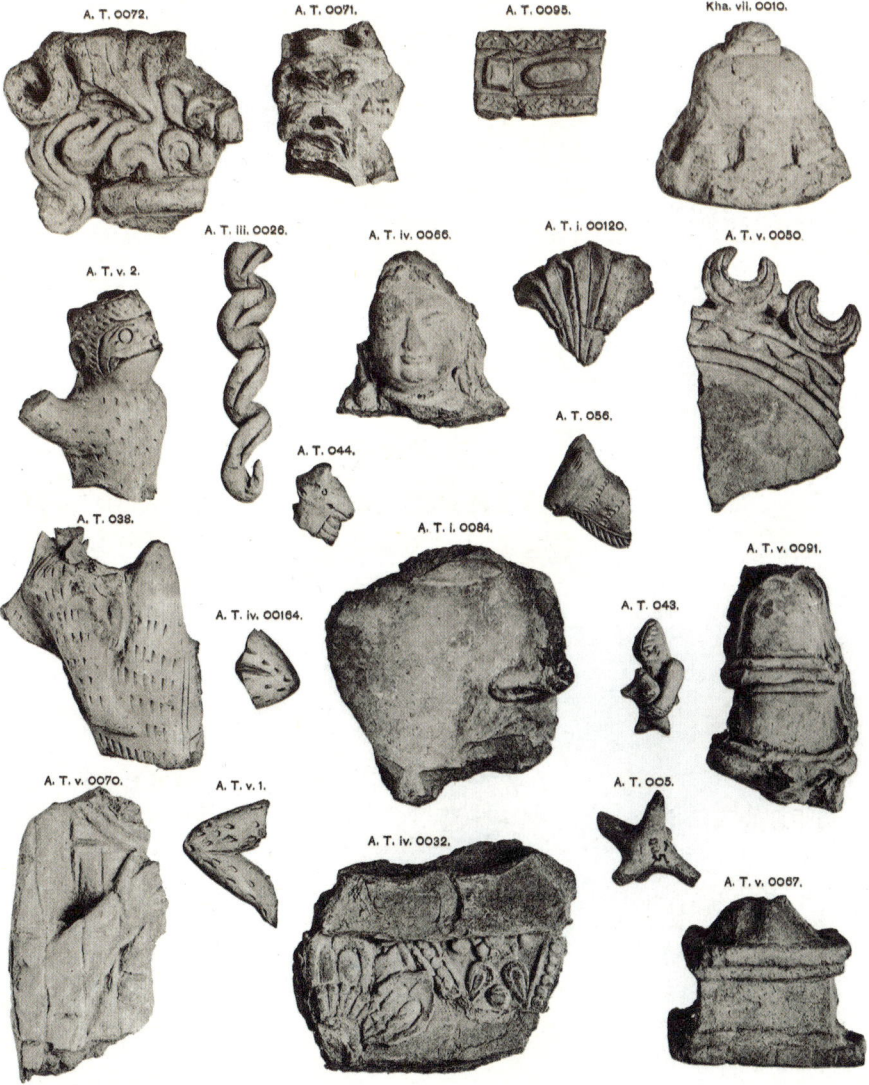

A. T. 0072.　　　A. T. 0071.　　　A. T. 0095.　　　Kha. vii. 0010.

A. T. iii. 0026.　　　A. T. iv. 0066.　　　A. T. i. 00120.　　　A. T. v. 0050.

A. T. v. 2.

A. T. 056.

A. T. 044.

A. T. 038.　　　A. T. i. 0084.　　　A. T. v. 0091.

A. T. iv. 00164.　　　A. T. 043.

A. T. v. 0070.　　　A. T. v. 1.　　　A. T. 005.

A. T. iv. 0032.　　　A. T. v. 0057.

X

◎泥浮雕

出自和田的喀拉萨依和恰勒马喀赞遗址

可能来自装饰性的背光

见第三十一章第三节

比例：5:8

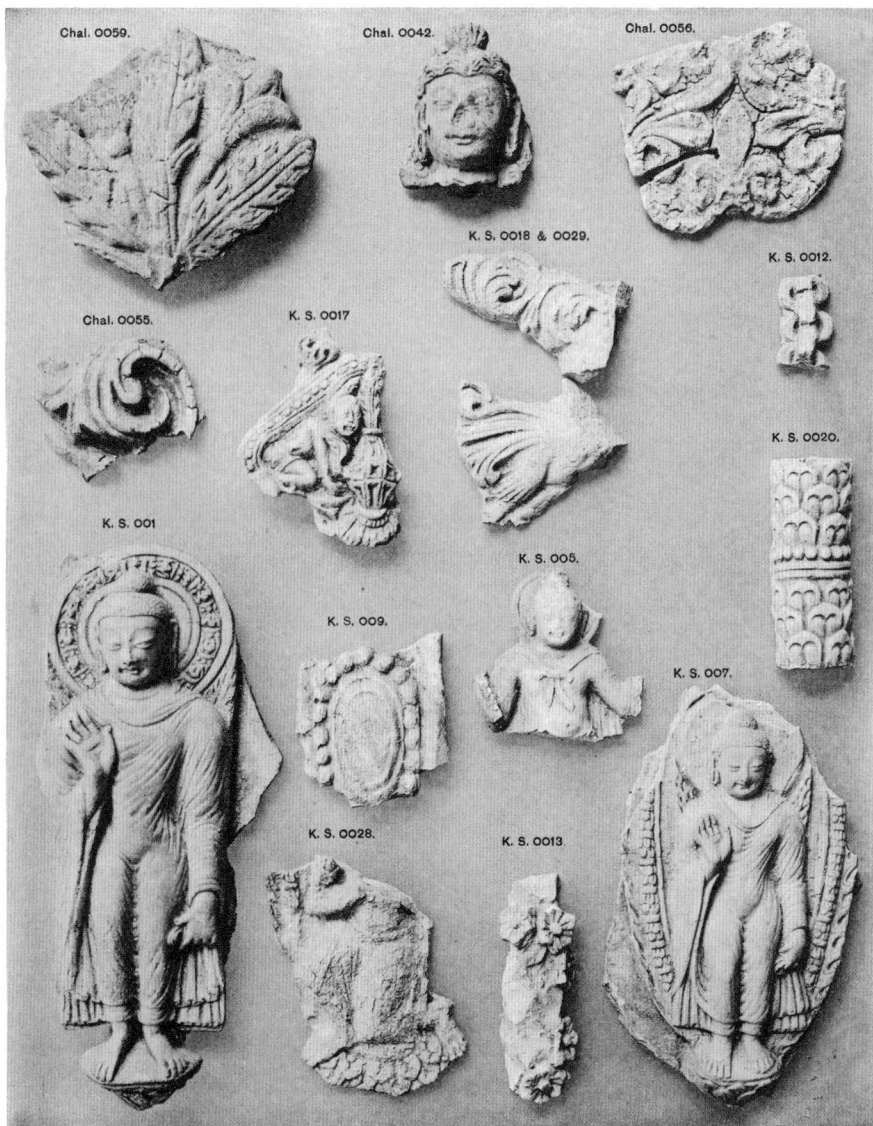

Chal. 0059. Chal. 0042. Chal. 0056.

K. S. 0018 & 0029. K. S. 0012.

Chal. 0055. K. S. 0017 K. S. 0020.

K. S. 001 K. S. 005.

K. S. 009. K. S. 007.

K. S. 0028. K. S. 0013.

◎蛋彩壁画残片

出自喀达里克佛寺遗址 Kha.i、ii

见第五章第一至三节

比例：1:4

Kha. OO26.

Kha. i. OO46.

Kha. i. E. OO47.

Kha. OO30.

Kha. i. C. OO96.

Kha. ii. OO97.

Kha. i. W. OO26.

Kha. i. OO54.

Kha. OO27.

Kha. OO28.

Kha. i. C. OO97.

Kha. i. E. OO48.

Kha. i. E. OO49.

Kha. i. C. OO95.

Kha. OO29.

Kha. i. E. OO46.

Kha. i. OO45

◎蛋彩壁画残片

喀达里克、塔里什拉克及其他寺院遗址出土

见第五章第一至三节

比例：见图版

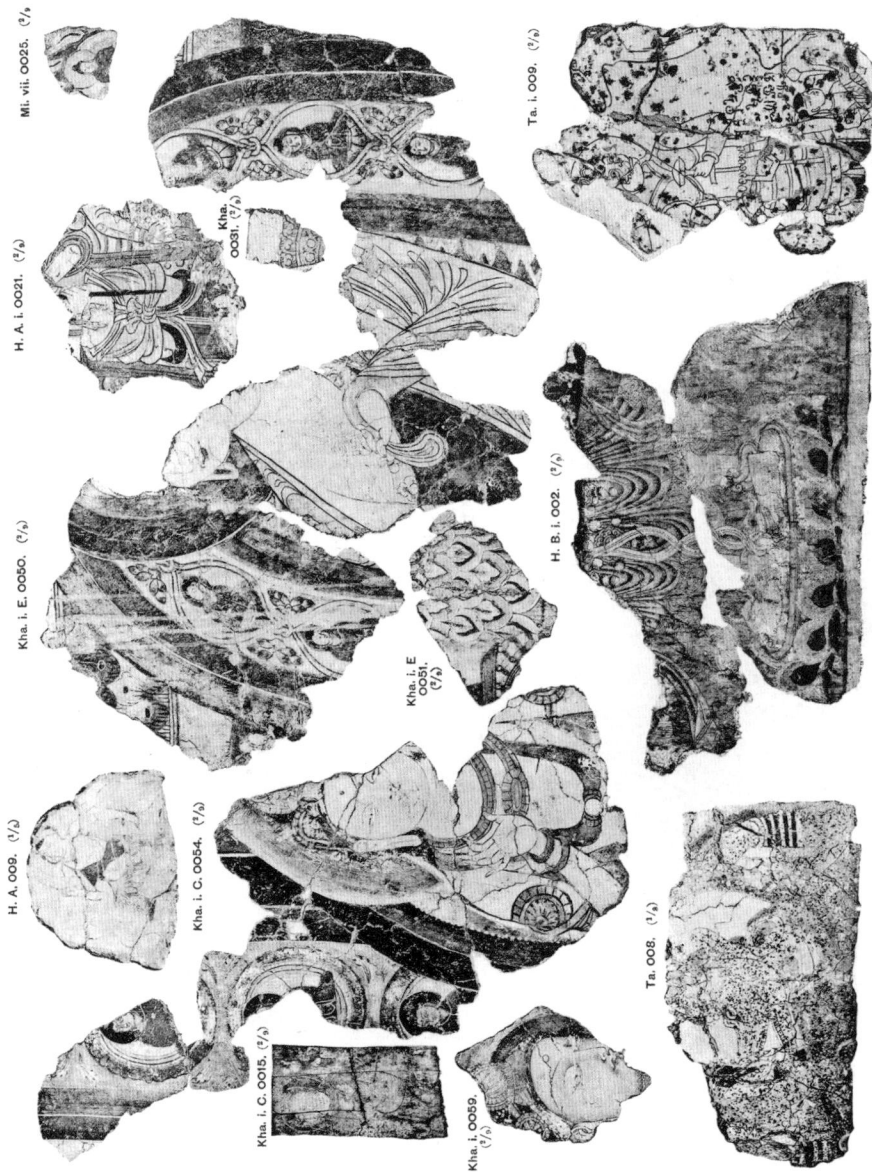

Mi. vii. OO25. (³/₈)

Ta. i. OO9. (³/₈)

H. A. i. OO21. (³/₈)

Kha. i. OO31. (³/₈)

H. B. i. OO2. (³/₈)

Kha. i. E. OO50. (³/₈)

Kha. i. E. OO51. (³/₈)

H. A. OO9. (¹/₂)

Kha. i. C. OO54. (³/₈)

Ta. OO8. (³/₈)

Kha. i. C. OO15. (³/₈)

Kha. i. OO59. (³/₈)

◎蛋彩鬼子母像

F.XII.004

法哈特伯克亚依拉克遗址 F.XII 寺庙出土

见第三十一章第一节

比例：1:3

◎ **木雕及彩绘木板残片**

喀达里克、尼雅及霍拉遗址出土

见第五章第一至三节，第六章第三、六节

比例：4:9

Kha. i. C. 0036.

Kha. ii. N. 007.

Kha. vi. 6.

Kha. ix. 10.

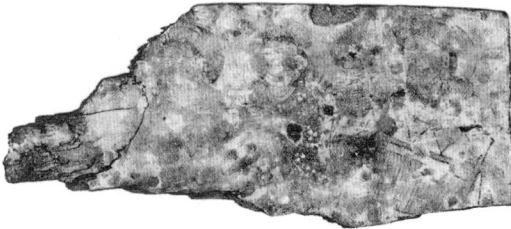

Kha. i. 311.

N. XXIV. ii. 001.

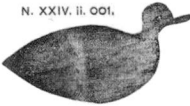

Khora. II. i. 001.

Kha. ii. E. 0013.

Kha. ix. 14.

Kha. ii. 4.

Kha. vii. 2.

◎泥塑饰板及其他浮雕残片

出自喀达里克遗址 Kha.i、ii、vii 寺庙墙上

见第五章第一至三节

比例：1:2

Kha. ii. W. 001

Kha. 05.

Kha. i. E. 0039.

Kha. ii. N. W. 005.

Kha. i. S. W. 0010.

Kha. vii. 001, 004.

Kha. ii. N. W. 003.

Kha. i. C. 008.

Kha. ii. N. W. 004.

◎陶质饰物及陶范

出自喀达里克遗址 Kha.i、ii、ix 寺庙墙上

见第五章第一至三节

比例：1:2

◎木牍及其他木雕

喀达里克及法哈特伯克亚依拉克遗址出土

见第五章第一、三节等

比例：2:11

F. II. ii. O1. 底面

F. II. i. OO5

Kha. ix. OO27.

Kha. i. 9

Kha. i. E. OO44.

Kha. i. E. OO43

Kha. v. OO3. i.

Kha. viii. OO2.

Kha. ii. OO83

Kha. OO24.

Kha. OO17.

Kha. v. OO5.

Kha. ix. OO5.

XVIII

◎ **木雕**

尼雅遗址 N.XII、XXIV、XXVI 房址中出土

见第六章第三、四、六节

比例：见图版

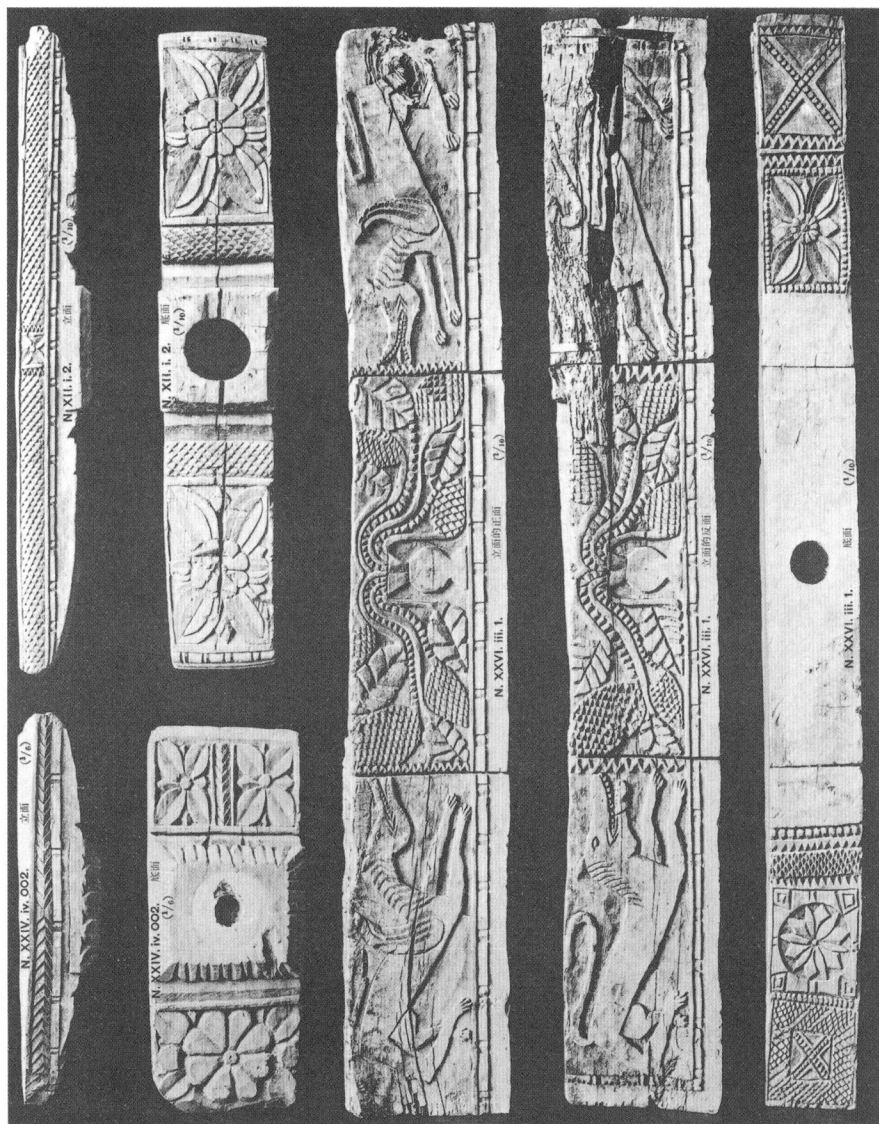

◎凳腿及其他木雕

出自尼雅遗址

见第六章第二至四、六节

比例：1:3

XX

◎陶印章

出自尼雅遗址佉卢文木牍中

见第六章第二、三、四、六节

比例：1:1

N. XXIV. viii. 81.

N. XIII. ii. 10.

N. XXIV. viii. 85.

N. XXIV. viii. 83.

N. XXIV. viii. 6.

N. XXVI. i. 4.

N. XXIV. viii. 72.

N. XXIV. viii. 79.

N. XXIV. viii. 80.

N. XXIV. viii. 96.

N. XXIV. viii. 91.

N. XXIV. viii. 74

N. XXIV. viii. 86.

◎矩形双面佉卢文木牍

N.XXIV.vii.85

出自尼雅遗址

见第六章第三、六节

比例：4:5

原封木牍侧面

原封木牍反面

原封木牍侧面

函底正面

函盖反面

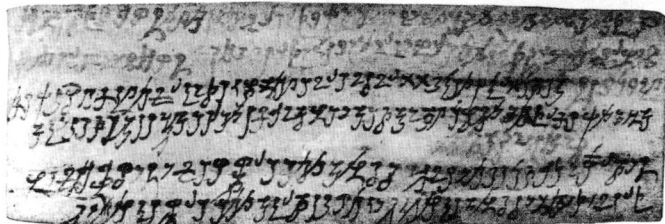

◎矩形双面佉卢文木牍

N.XXIV.viii.80

出自尼雅遗址

见第六章第三、六节

比例：见图版

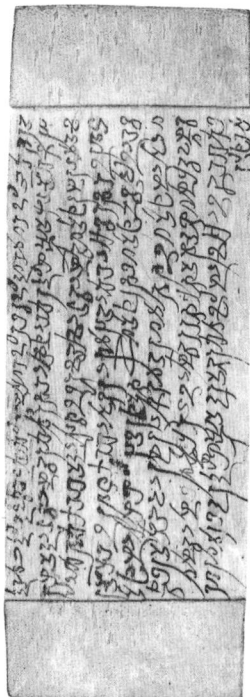

南底正面 比例 2/3

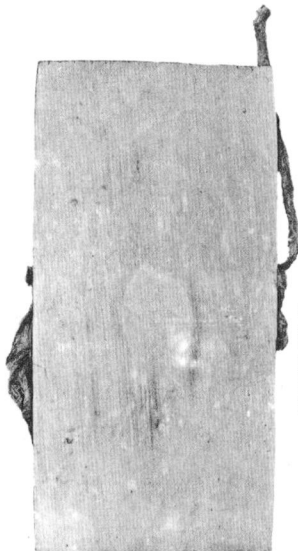

南盖反面 比例 2/3

框封木板反面 比例 2/3

框封木板正面 比例 4/5

◎矩形和 Takhtī 形佉卢文木牍

出自尼雅遗址

见第六章第一、三至六节

比例：3∶5

N. XXXVII. i. 2.　　　　　N. XXIV. viii. 90.

N. XXIV. viii. 71.　　　N. XXIV. viii. 82.

N. XLI. 1.　函盖正面。　　N. XLI. 1.　函底正面。

N. XLI. 2.

N. XXII. iii. 9.　　　　N. XXIV. viii. 96.　　函盖正面。

N. XXIV. viii. 73.

　　　　　　　　　　　N. XXIV. viii. 96.　　函底正面。

N. XXVI. i. 4.

◎楔形佉卢文木牍

出自尼雅遗址

见第六章第二、三、六节

比例：7:10

◎长方形佉卢文木牍和写在木棍上的佉卢文

出自尼雅遗址

见第六章第二、三、六节

比例：见图版

N. XXIV. viii. 61. (³/₄)

N. XXIV. viii. 3. (³/₄)

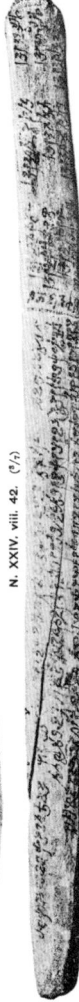

N. XXIV. viii. 42. (³/₄)

N. XXII. iii. 13. (³/₄)

N. XXIV. vi. 1. (³/₁₀)

XXVI

◎长方形及标签形佉卢文木牍

出自尼雅遗址

见第六章第二、三、四、六节

比例：3:5

N. Ibr. 005.

N. XXIV. viii. 5.

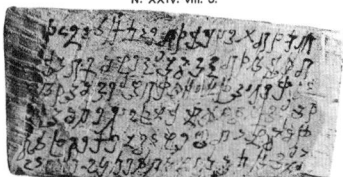

N. XXIV. viii. 59.

N. XXVI. vi. 4.

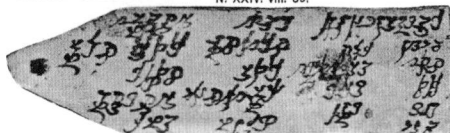
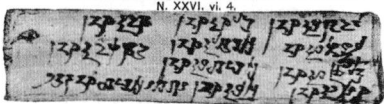

N. XXII. i. 2. b.

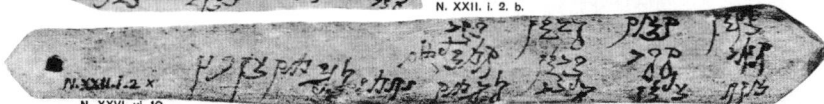

N. XXVI. vi. 10.

N. XXII. ii. 1.

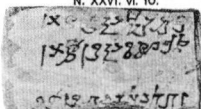
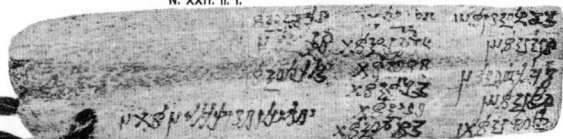

N. XXVI. vi. 1.　正面

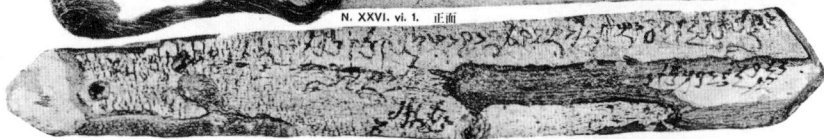

N. XXVI. vi. 1.　反面

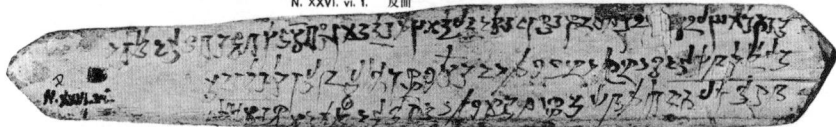

N. XXIV. viii. 68.

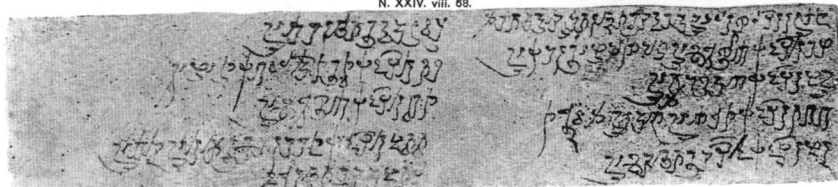

◎楔形和标签形佉卢文木牍及封泥匣

出自尼雅遗址

见第六章第二、三、四、六节

比例：3:5

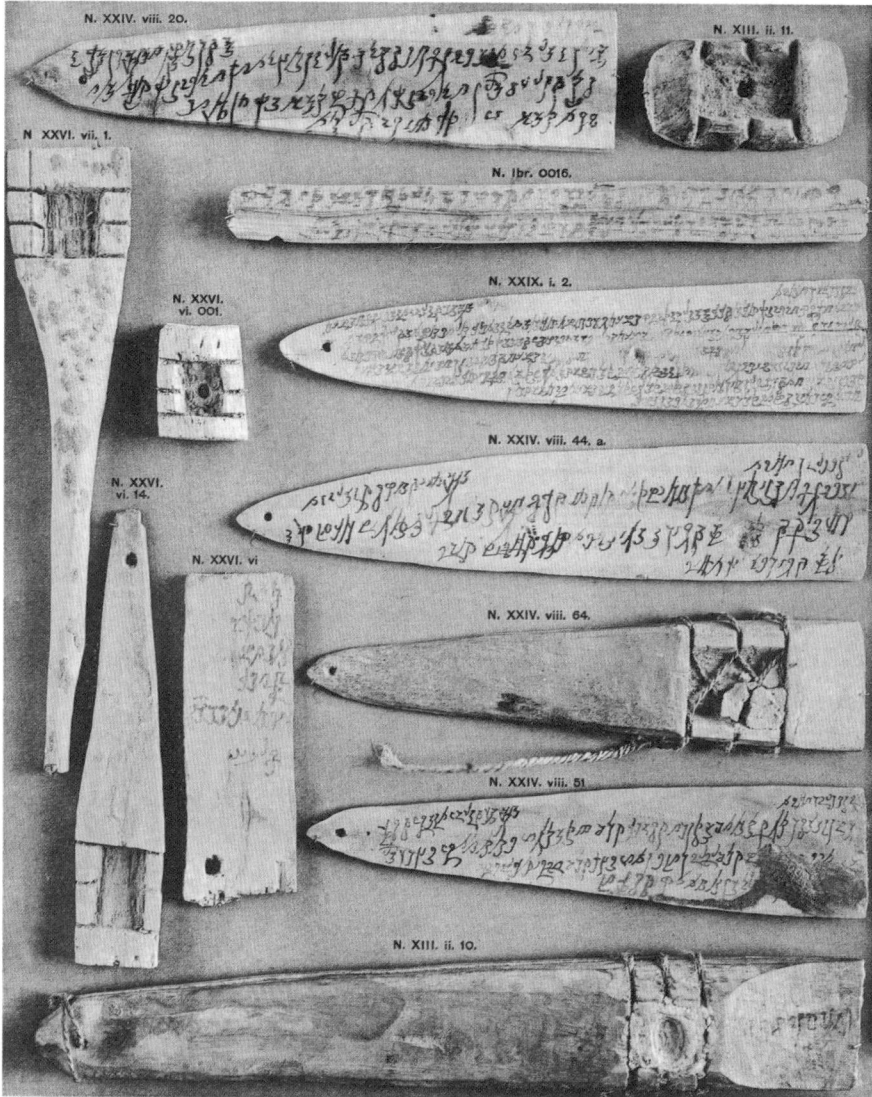

XXVIII

◎多种木器

出自尼雅和安迪尔遗址

见第六章第二、三、四、六节，第七章第二、五节

比例：2:5

N. XIV. iii. 0019. N. XIV. iii. 0018 N. XIX. 003. N. XXIX. ii. 001, b N. XIV. iii. 0011 & 0013.

N. XXVII. 001.

N. XIV. iii. 0017. N. XIII. i. 002. N. 005. E. Fort. 001. c.

E. VII. 002. N. XXIV. 002.

N. XXII. i. 001.

N. XIV. iii. 0024. N. XIII. 0010. N. XIV. iii. 0016. N. XXIV. iv. 001.

N. XIII. 0018.

E. VI. 0010, a, b.

E. VI. 0010, b ii. 001, a.

◎印章和各种小型石器、金属器具、玻璃器具等

出自尼雅、安迪尔及楼兰遗址

见第六章第二至六节，第七章第三节，

第十一章第一至七、十二节

比例：7:9

L. A. 0027.　L. B. I–III. 002.　L. A. 0029.　L. A. 00113.　L. B. V. 006.　L. A. 00118.　L. A. 0094.　L. B. I–III. 005.

L. A. VIII–IX. 001.　L. A. 0069.　L. A. III. 001.　L. A. 0017.　L. A. VIII–IX. 005.　L. A. 0082.　L. A. 00177. d.　L. A. 0057.　L. A. I. 001.　L. A. 00107.

L. A. 0040.　L. A. 00104.　L. A. 00103.　L. B. IV. ii–v. 005.　L. A. 00108.　L. A. VIII–IX. 008　L. A. 0086.　L. A. VIII–IX. 0016.　L. A. VI. ii. 0011.　L. A. 00111.　L. A. 00119.

L. A. 00105.　L. B. 005.　L. A. 0097.　L. A. 00117.　L. B. 009.　L. A. 002. e.　L. A. VII.　L. A. VI. ii. 0012.　L. A. 00177. a.

L. A. 0067.　L. A. 00177. b.

L. B. III. 007. c.　L. A. 00135.　L. A. 00132.　L. A. 00165. a, b.　L. A. 00171. d.　L. A. VIII–IX. 006.　L. A. 0052.　L. A. VIII–IX. 007.

L. A. 00173. a.　L. A. 00139. a.　L. A. 00134.　L. A. III. 003.　L. A. 00177. h.　L. A. VIII–IX. C015.　L. B. IV–V. 002. a.

E. Ft. 0010.　N. XIV. iii. 0034.　N. Ibr. 0015.　N. XXVI. i. 001.　N. XXX–XXXII. 004.　N. 0015.

N. XIII. 002.　N. XX. 001.　N. XXIX. 006.　N. 0012.　N. XII–XXVII. 002.　N. XXX–XXXII. 001.　N. XII. 001.　N. 0036.　N. XII–XXVII. 003.

N. 0020.　N. XIV. iii. 0035.　N. XIV. iii. 0033.　N. XXIV. 0013.　N. XXX–XXXII. 002.　N. XXIX. 005.　N. XXIX. 007.　N. 0010.

E. Stupa. 0010.　N. XII. 003.　N. 0013.　E. Ft. 003.　N. XXIX. 004.　N. XXXV. 006.　N. XIV. iii. 0032.　E. Ft. 0023.　E. Stupa. 007.

N. XIV. 009.　E. Ft. 0022.　E. 005.　N. XIV. 008.　E. 0032.　E. 008.　N. XXXV. 004.　E. Stupa. 008.

◎墨绿色及绿色玉器

出自罗布泊风蚀地面上

见第十章第三、四节

比例：1:1

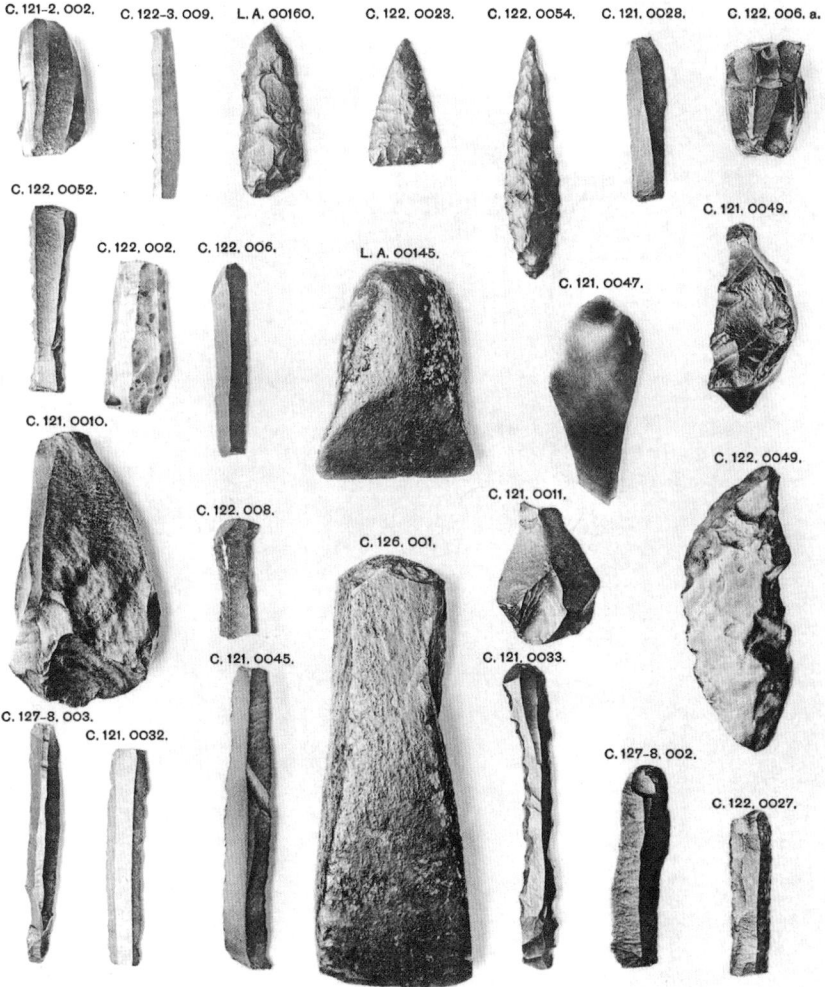

C. 121-2. 002.　　C. 122-3. 009.　　L. A. 00160.　　C. 122. 0023.　　C. 122. 0054.　　C. 121. 0028.　　C. 122. 006. a.

C. 122. 0052.　　C. 122. 002.　　C. 122. 006.　　L. A. 00145.　　C. 121. 0047.　　C. 121. 0049.

C. 121. 0010.　　C. 122. 008.　　C. 126. 001.　　C. 121. 0011.　　C. 121. 0033.　　C. 122. 0049.

C. 127-8. 003.　　C. 121. 0032.　　C. 121. 0045.　　C. 127-8. 002.　　C. 122. 0027.

◎建筑上的木雕构件

出自楼兰的L.B.II、V遗址

见第十一章第六、七、十二节

比例：1:9

◎小佛塔模型和装饰性木雕

主要出自楼兰的 L.B.II 遗址

见第十一章第六、七、十二节

比例：1:5

◎**各种木雕**

出自楼兰 L.B.Ⅱ、Ⅳ、Ⅴ 遗址

见第十一章第六、七、十二节

比例：1:6

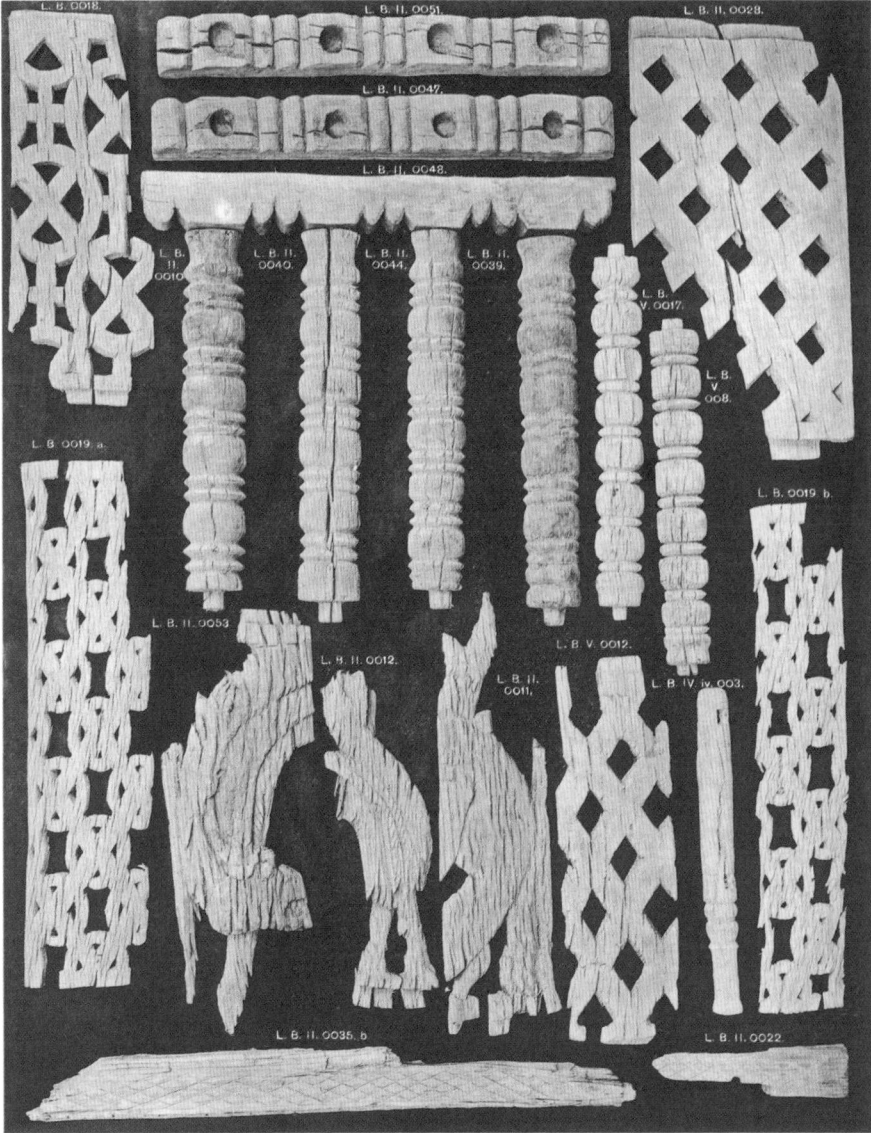

◎椅子扶手及其他木雕

主要出自楼兰的 L.B.II、IV 遗址

见第十一章第六、七、十二节，第十三章第五、九节

比例：1:3

L. B. II. 0052.
L. B. II. 0021.
M. V. 001.
L. B. IV. v. 0012.
L. B. II. 004.
L. B. IV. viii. 002.
L. B. IV. i. 002.
L. B. IV. i. 001.
L. B. IV. v. 0030.
L. B. IV. v. 002.
L. B. IV. v. 004.
L. B. IV. v. 0023.
L. B. IV. v. 0013.
L. B. IV. vii. 003.
L. B. IV. i. 005.
L. B. IV. viii. 001.

◎木器和木雕

出自楼兰遗址

见第十一章第一至三节、六、七、十二节

比例：6:11

第五卷

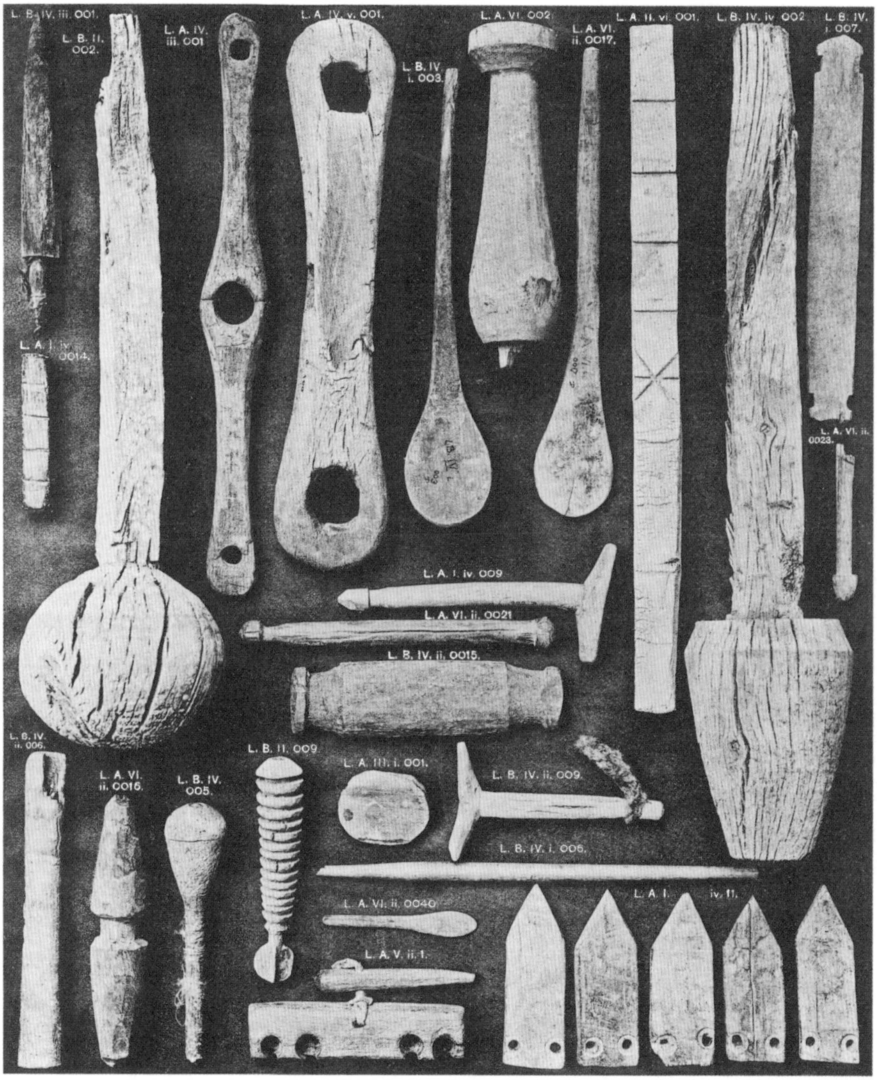
L. B. IV. iii. 001.
L. B. II. 002.
L. A. IV. iii. 001
L. A. IV. v. 001.
L. B. IV. i. 003.
L. A. VI. 002.
L. A. VI. ii. 0017.
L. A. II. vi. 001.
L. B. IV. iv. 002
L. B. IV. i. 007.
L. A. I. iv. 0014.
L. A. VI. ii. 0023.
L. A. I. iv. 009
L. A. VI. ii. 0021
L. B. IV. ii. 0015.
L. B. IV. ii. 006.
L. A. VI. ii. 0016.
L. B. IV. 005.
L. B. II. 009
L. A. III. i. 001.
L. B. IV. ii. 009.
L. B. IV. i. 006.
L. A. VI. ii. 0040
L. A. I. iv. 11.
L. A. V. ii. 1.

XXXV

◎各种金属器物、陶器、骨质器物

尼雅、楼兰等遗址出土

见第六章第六节，第七章第五节，第十一章第一至七、十二节

比例：1:2

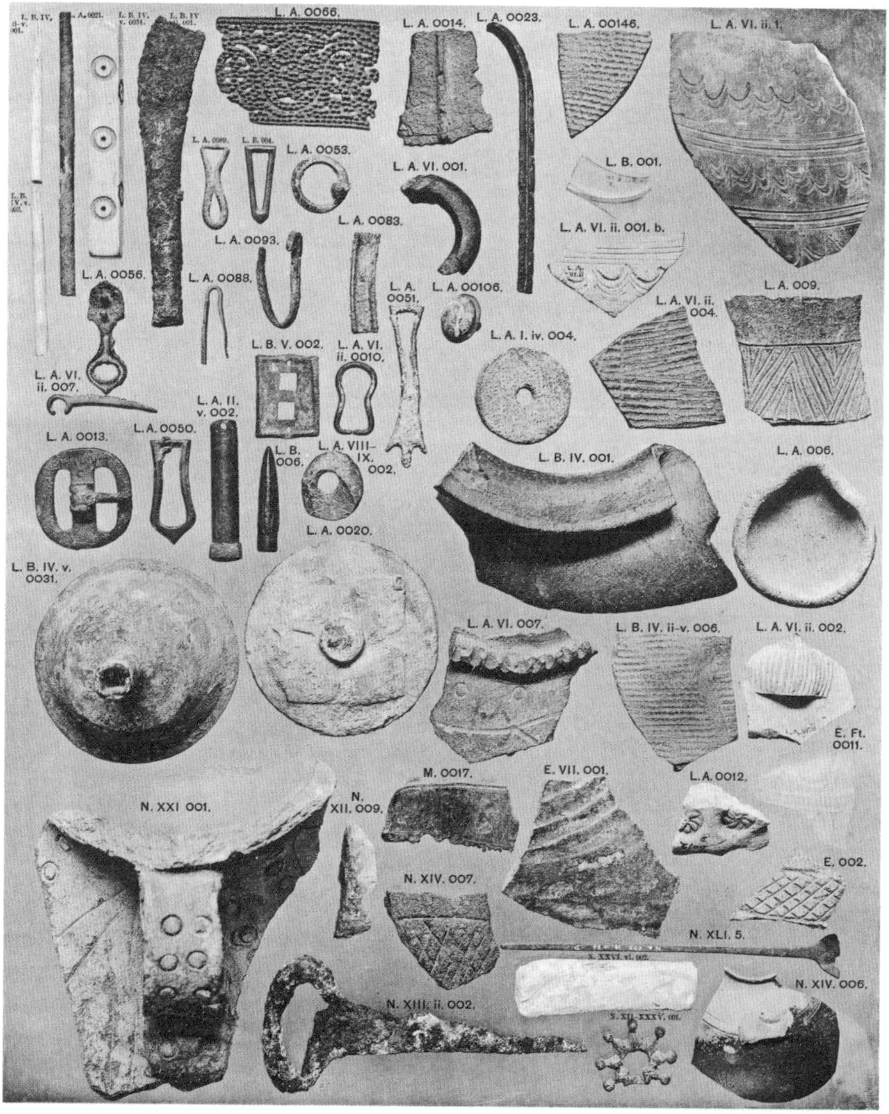
L. A. 0066.
L. A. 0014.
L. A. 0023.
L. A. 00146.
L. A. VI. ii. 1.
L. A. 0089.
L. B. 004.
L. A. 0053.
L. B. 001.
L. A. VI. 001.
L. A. 0083.
L. A. VI. ii. 001. b.
L. A. 0093.
L. A. 0056.
L. A. 0088.
L. A. 0051.
L. A. 00106.
L. A. VI. ii. 004.
L. A. 009.
L. A. I. iv. 004.
L. B. V. 002.
L. A. VI. ii. 0010.
L. A. VI. ii. 007.
L. A. II. v. 002.
L. A. 0013.
L. A. 0050.
L. B. 006.
L. A. VIII-IX. 002.
L. B. IV. 001.
L. A. 006.
L. A. 0020.
L. B. IV. v. 0031.
L. A. VI. 007.
L. B. IV. ii-v. 006.
L. A. VI. ii. 002.
E. Ft. 0011.
M. 0017.
E. VII. 001.
L.A. 0012.
N. XXI 001.
N. XII. 009.
N. XIV. 007.
E. 002.
N. XLI. 5.
N. XIV. 006.
N. XIII. ii. 002.

◎鞋、丝绸包袱及其他精美织物

楼兰遗址出土

见第十一第一至三、七、十二节

比例：2:5

L. B. IV. ii. 0013.

L. A. VI. ii. 0025.

L. A. VI. ii. 0043.

L. A. IV. v. 002.

L. A. I. 002.

L. B. IV. ii. 0016.

L. A. IV. 004.

L. A. VI. ii. 0046.

L. A. I. ii. 001.

◎写在木板和纸上的佉卢文

出自安迪尔和楼兰遗址

见第七章第二、五节，第十一章第二至四、七、十二节

比例：1:2

L. A. IX. i. 1.

E. VI. 0017.

L. A. VI. ii. 0102.

L. A. IV. v. 12.

L. A. VI. ii. 0103.

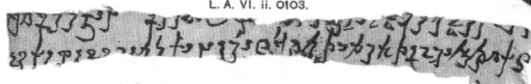

L. B. IV. i. 7.

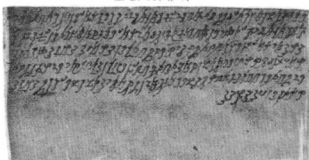

L. B. IV. i. 6.

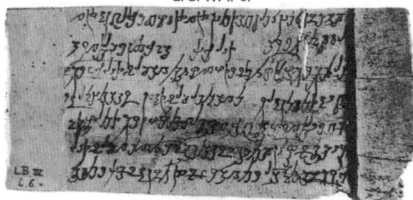

L. A. IV. ii. 2. 打开的木牍

E. VI. ii. 1.

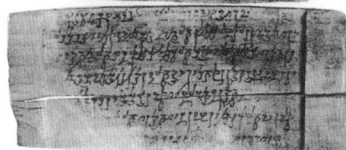

◎写在绢上和纸上的佉卢文和婆罗谜文

出自楼兰、米兰和敦煌古长城

见第十一章第三、九、十二节，第十三章第二、九节，

第十八章第三节，第十九章第五节

比例：见图版

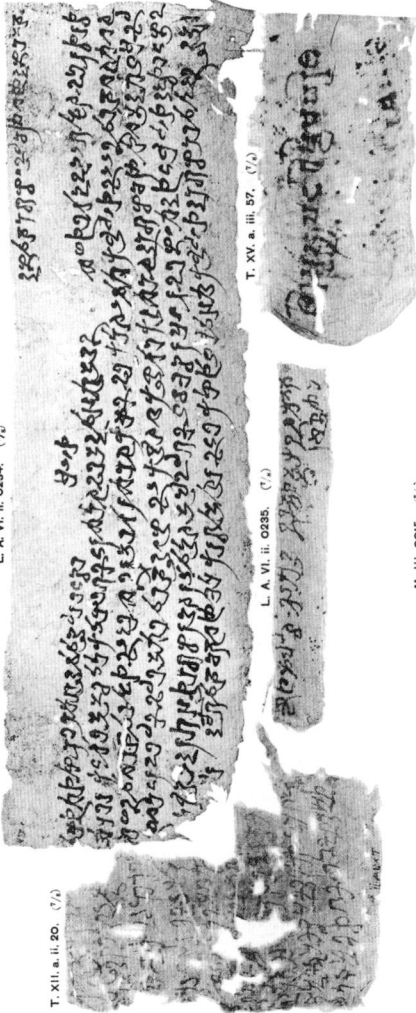

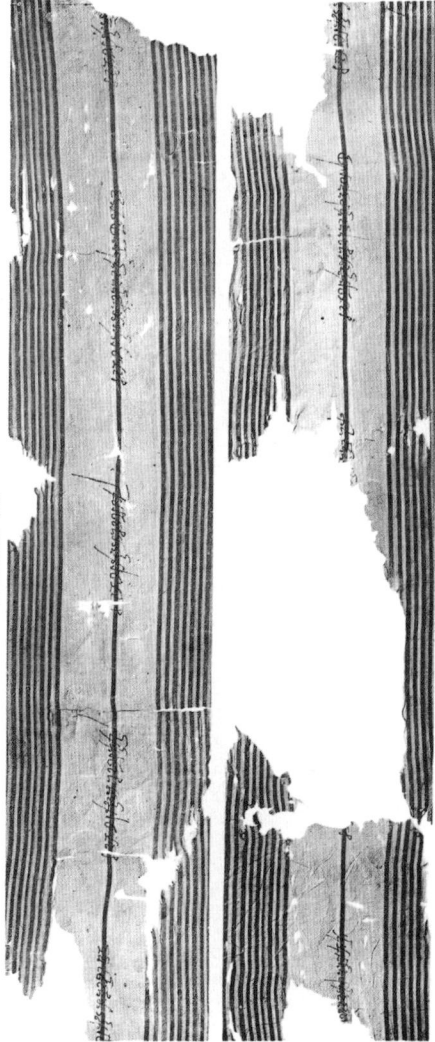

◎蛋彩壁画

出自米兰 M. III 寺院墙裙上

见第十三章第四、九节

比例：1:4

M.III. viii

M. III. ii

◎蛋彩壁画

◎犍陀罗风格的浮雕残片

出自米兰 M.III 寺院墙裙上

见第十三章第二、四、九节

原书比例：见图版

本图版已在原比例基础上缩小 1/3

M. III. iv. ($^1/_{10}$)

犍陀罗浮雕残片，大英博物馆

比例 5/9

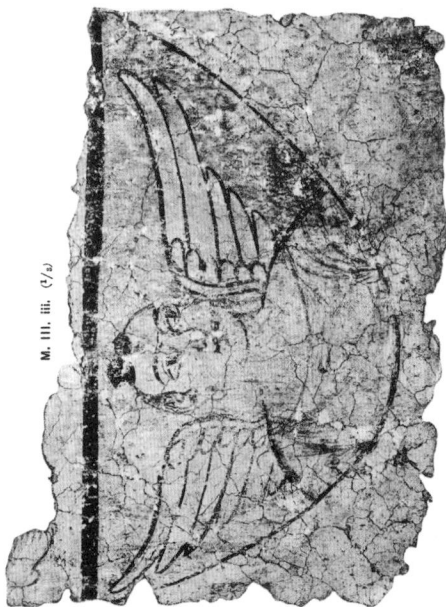

M. III. iii. ($^1/_{10}$)

犍陀罗浮雕建筑构件，出自 Babāol 古城，为 T.W. 阿诺德教授所收藏

比例 3/7

◎蛋彩壁画

◎犍陀罗风格的浮雕残片

出自米兰 M.Ⅲ 寺院墙裙上

见第十三章第二、四、九节

原书比例：见图版

本图版已在原比例基础上缩小 1/3

M. III. ix. (⅓)

犍陀罗浮雕残片，大英博物馆

比例 5/9

M. III. v. (⅓)

M. III. i. (⅓)

◎蛋彩壁画

M.III.003

出自米兰 M.III 寺院

见第十三章第三、九节

比例：1:4

XLIII

◎蛋彩壁画

M.III.002

出自米兰 M.III 寺院

见第十三章第二、三、九节

比例：3:10

◎蛋彩壁画残片

出自米兰 M.III、V 寺院

见第十三章第二、三、五、七、九节

比例：2:7

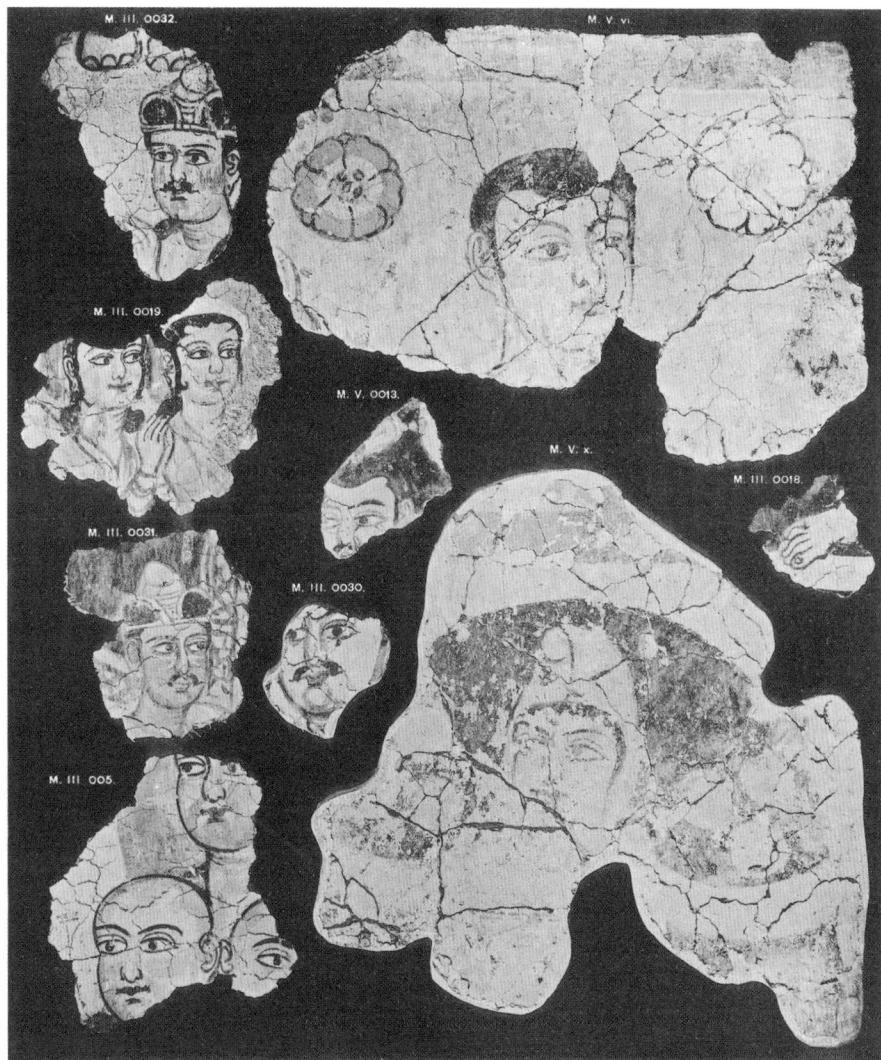

◎蛋彩壁画

出自米兰 M.Ⅲ、Ⅴ 寺院

见第十三章第三、五、九节

比例：见图版

比例1:3

M. V. 004. (¹/₃)

XLVI

◎泥塑头像

M.II.007

出自米兰 M.II 寺院

见第十三章第一、九节

比例：1:2

◎雕刻木椅及其他各种木雕

出自米兰、楼兰等遗址

见第五、十一、十三章等

比例：见图版

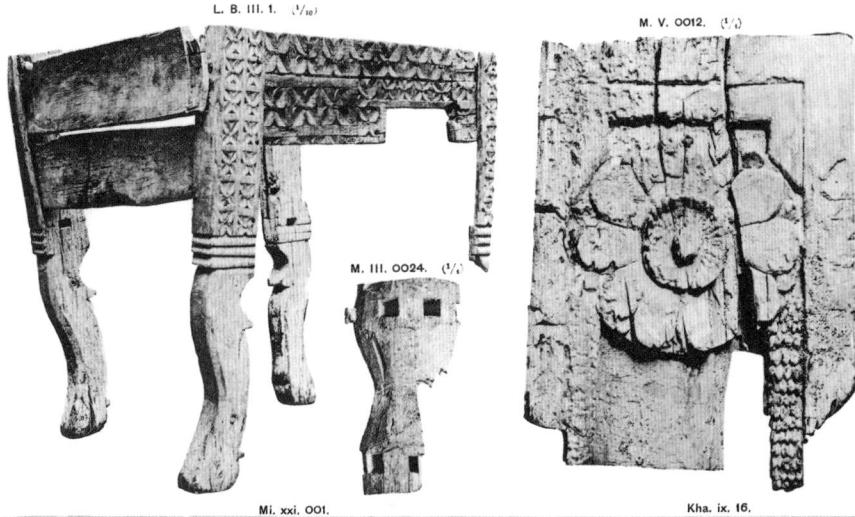

◎**假花**

出自米兰 M.III 寺院中

◎**织物样品**

出自米兰要塞和敦煌古长城

见第十二章第四、七节，第十三章第二、九节等

比例：见图版

M. III. 0025. (1/3)

T. XIV. 004. b. (正面)　T. XIV. 004. b. (背面)　M. I. xx.-xxi. 001.　M. I. xx.-xxi. 006.　M. I. xxiii. 0022.　M. III. 0028.

M. X. 002. a.　　M. X. 002. b.　　M. I. 0084.

M. I. ix. 008. (正面)　M. I. ix. 008. (背面)　M. I. 0083. b.　M. I. 0083. c.

比例: 1/1

◎ **毛纺织品和草编物品**

尼雅、米兰及楼兰等地出土

见第六章第四、六节，第十一章第二、七节，

第十二章第四、七节等

比例：1:2

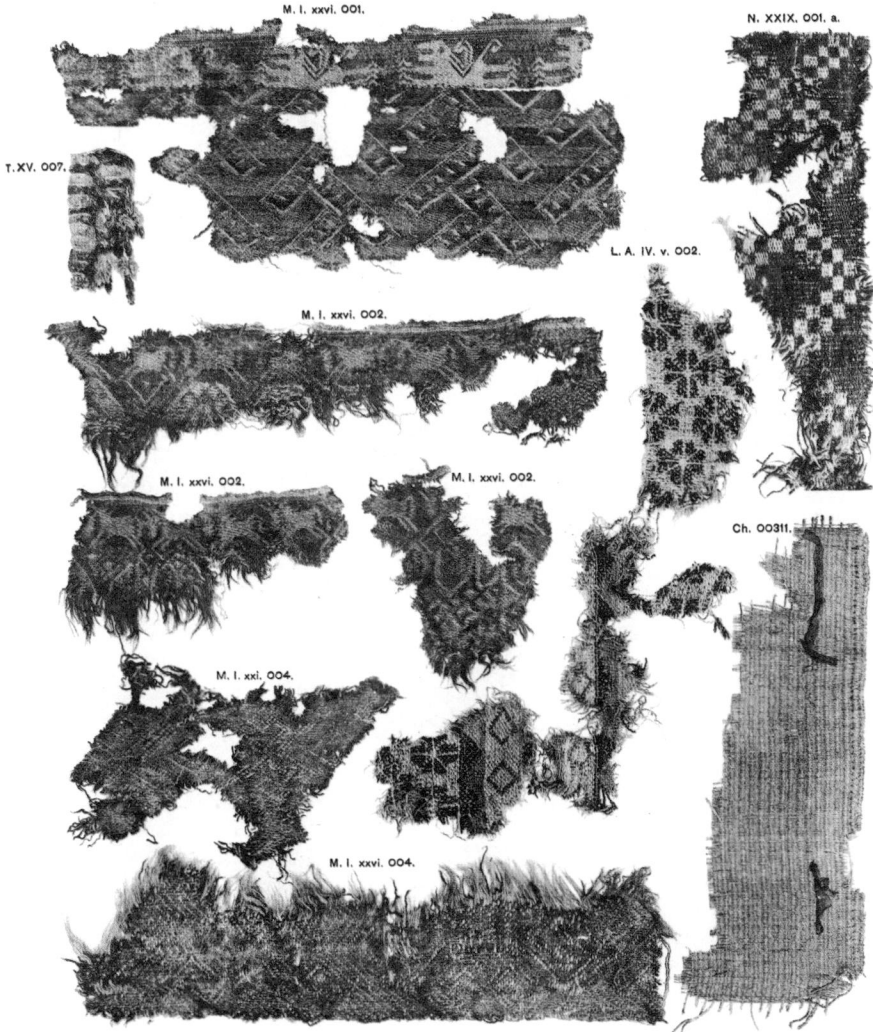

M. I. xxvi. OO1.

N. XXIX. OOl. a.

T. XV. OO7.

L. A. IV. v. OO2.

M. I. xxvi. OO2.

M. I. xxvi. OO2.

M. I. xxvi. OO2.

Ch. OO311.

M. I. xxi. OO4.

M. I. xxvi. OO4.

◎上过漆的皮质铠甲鳞片、背带及其他物件

出自米兰的吐蕃要塞

见第十二章第四、七节

比例：1:2

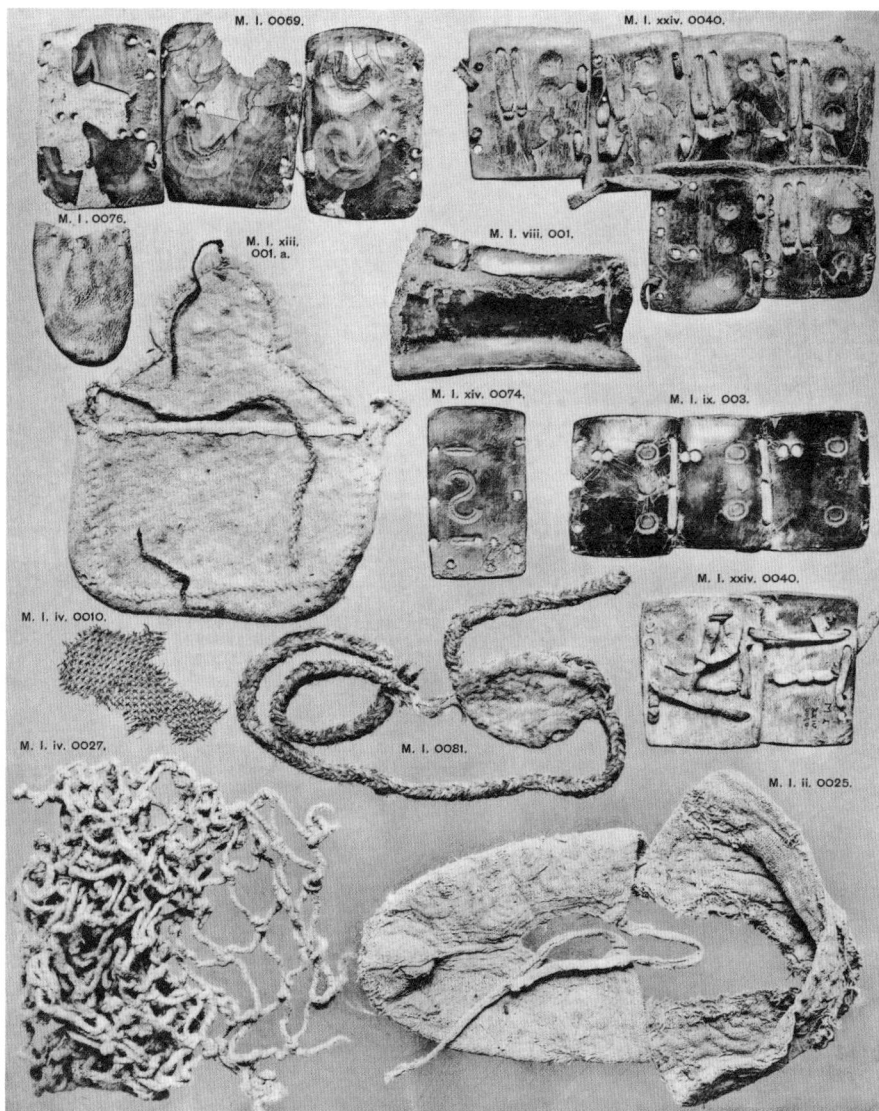

M. I. 0069.

M. I. xxiv. 0040.

M. I. 0076.

M. I. xiii. 001. a.

M. I. viii. 001.

M. I. xiv. 0074.

M. I. ix. 003.

M. I. iv. 0010.

M. I. xxiv. 0040.

M. I. iv. 0027.

M. I. 0081.

M. I. ii. 0025.

◎各种木制品、金属制品、角制品及陶器等

出自米兰要塞和麻扎塔格

见第十二章第四、七节，第三十二章第四节

比例：1:2

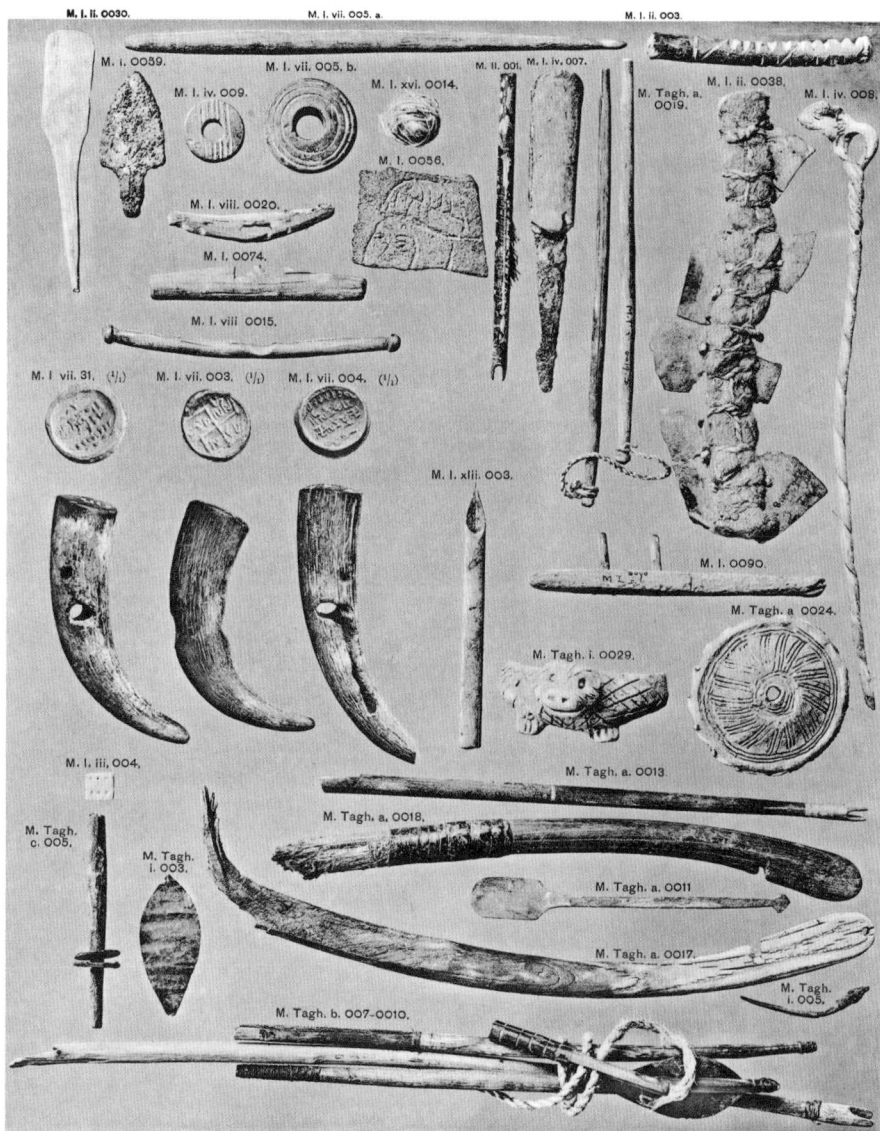

M. l. ii. 0030. M. l. vii. 005. a. M. l. ii. 003.

M. i. 0059. M. l. vii. 005. b. M. l. xvi. 0014. M. ll. 001. M. l. iv. 007. M. l. ii. 0038. M. l. iv. 009.

M. l. iv. 009. M. Tagh. a. 0019.

M. l. 0056.

M. l. viii. 0020.

M. l. 0074.

M. l. viii 0015.

M. l vii. 31, (¹/₁) M. l. vii. 003, (¹/₁) M. l. vii. 004, (¹/₁)

M. l. xlii. 003.

M. l. 0090.

M. Tagh. a 0024.

M. Tagh. i. 0029.

M. Tagh. a. 0013.

M. l. iii. 004.

M. Tagh. c. 005. M. Tagh. a. 0018.

M. Tagh. i. 003. M. Tagh. a. 0011.

M. Tagh. a. 0017.

M. Tagh. i. 005.

M. Tagh. b. 007-0010.

◎**木器等物品**

敦煌长城烽燧中出土

见第十五、十七至十九章，第二十章第七节

比例：见图版

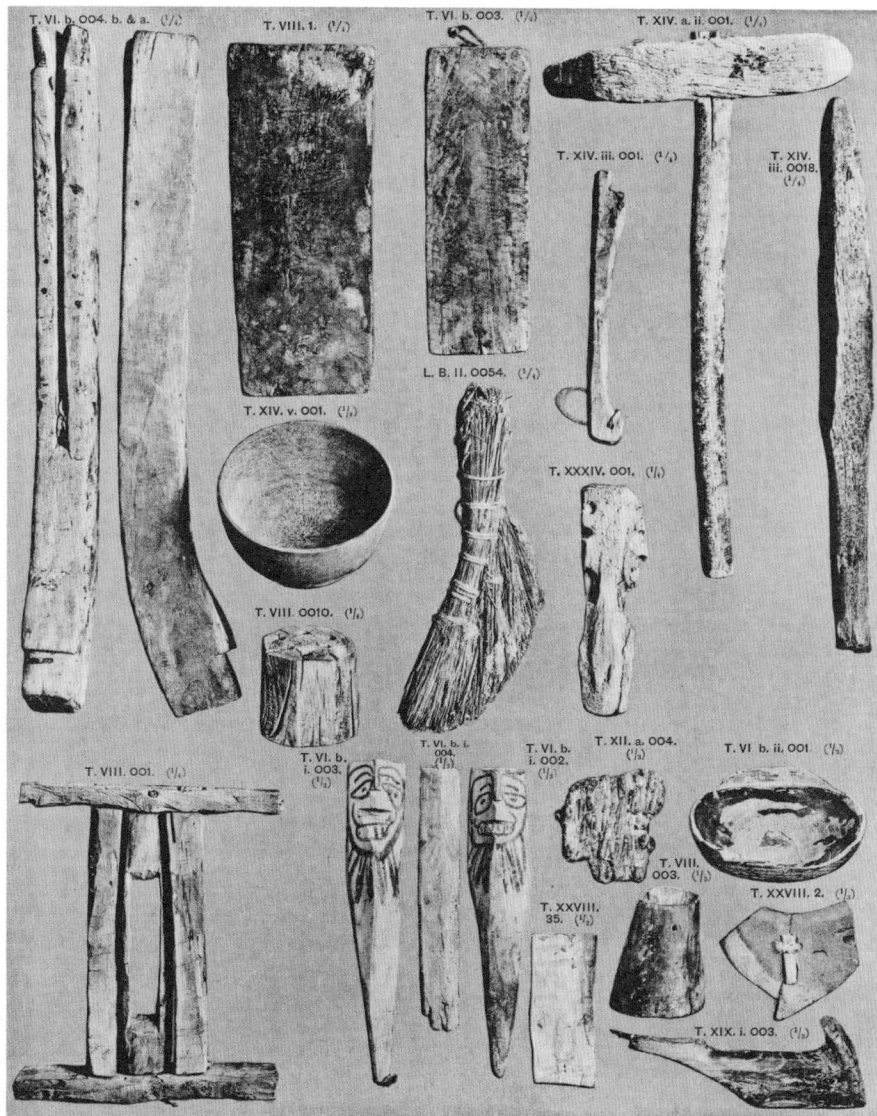

T. VI. b. 004. b. & a. (¹/₈)　　　T. VIII. 1. (²/₉)　　　T. VI. b. 003. (¹/₄)　　　T. XIV. a. ii. 001. (¹/₄)

T. XIV. iii. 001. (¹/₄)　　　T. XIV. iii. 0018. (¹/₄)

L. B. II. 0054. (¹/₄)

T. XIV. v. 001. (¹/₂)

T. XXXIV. 001. (¹/₄)

T. VIII. 0010. (¹/₂)

T. VIII. 001. (¹/₄)

T. VI. b. i. 004. (¹/₂)　　T. VI. b. i. 003. (¹/₂)　　T. VI. b. i. 002. (¹/₂)　　T. XII. a. 004. (¹/₄)　　T. VI b. ii. 001. (¹/₄)

T. VIII. 003. (¹/₂)

T. XXVIII. 35. (¹/₂)

T. XXVIII. 2. (¹/₄)

T. XIX. i. 003. (¹/₄)

◎箭、印章等木制品和金属制品

敦煌长城烽燧中出土

见第十五、十七至十九章，第二十章第七节

比例：2:3

T. XII. a. ii. 008.　　T. XIII. 005.　　T. XIX. i. 005.　　T. XIV. a. 007.　　T. XII. 0020.　　T. XII. a. i. 005.　　T. XII. a. 0025.　　T. 004.　　T. VII. 001.　　T. XVIII. 001.

T. XII. a. ii. 004.

T. XIX. i. 007.　　T. XXXII. 009.　　T. XV. a. iii. 008.

T. XVII. 001.

T. VIII. 0039.

T. XXXI. 001.

T. XVII. 007.

T. XIX. i. 006.　　T. XV. a. i. 007.　　T. XII. a. 0024.

T. XXVIII. j.　　T. XVIII. iii. 003.　　T. XXVII. 003.　　T. XXVIII. k.

T. XXVII. 0013.

T. XV. a. vi. 001.

T. XXVII. 15.

T. XV. a. v. 005.　　T. XV. a. ii. 005.

T. XXVIII. q.　　T. XIV. iii. 17.　　T. XIV. a. i. 001.

T. XVII. a. 001.

T. XIX. ii. 001.

T. XVI. ii. 001.　　T. XIII. ii. 003.

T. XV. a. 001.

T. XII. a. 006.　　T. XII. a. 009.

LIV

◎鞋、尺及各种木制品和金属制品

敦煌长城烽燧中出土

见第十五、十七至十九章，第二十章第七节

比例：1:4

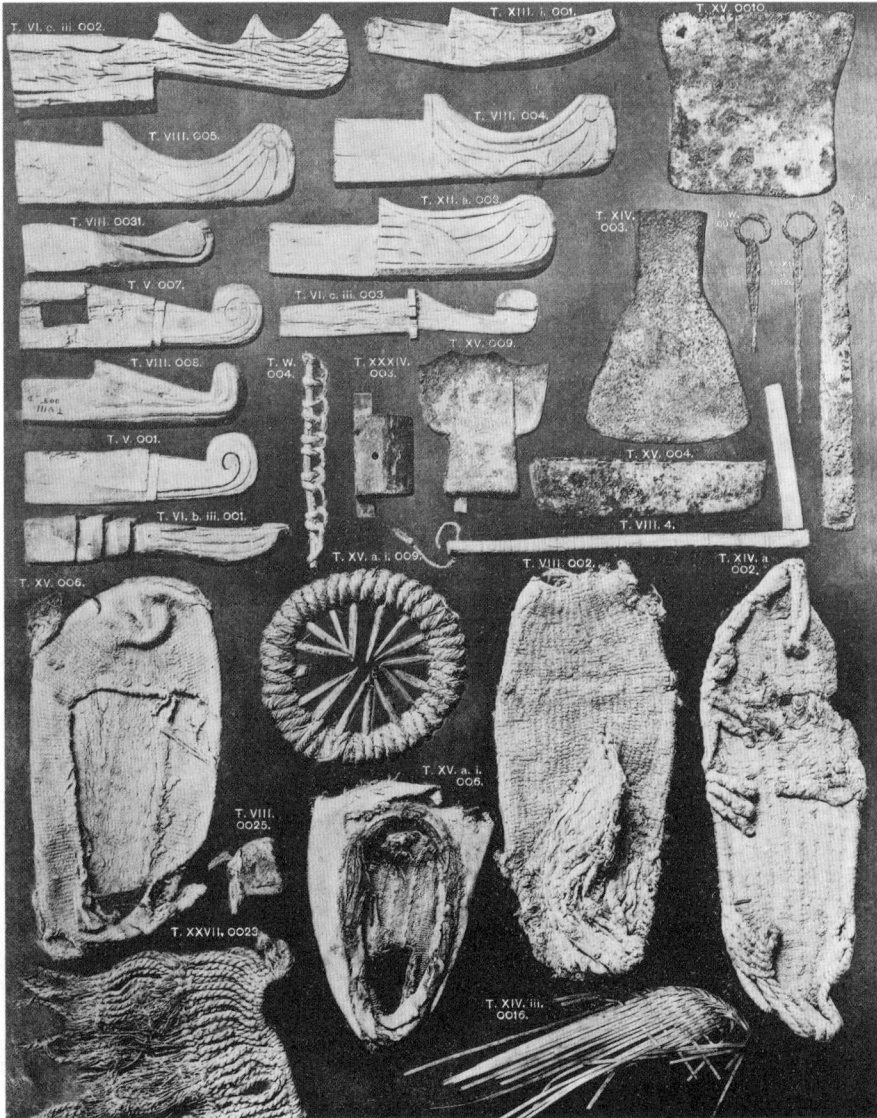

◎花绸

敦煌及敦煌千佛洞出土

见第十九章第四、八节，第二十章第七节，

第二十四章第二、三节，第二十五章第二节

比例：2:3

Ch. 00168.

Ch. 00169.

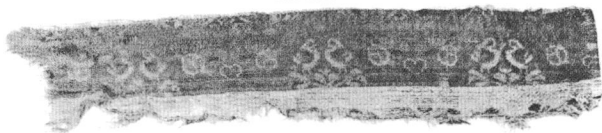

T. XV. a. iii. 0010. a.

T. XV. a. 002. a.

T. XXII. c. 0010. a.

Ch. 00170.

◎绢画

Ch.liii.002

画面为佛教净土

出自敦煌千佛洞

见第二十三章第八节，第二十五章第二节

比例：1:6

◎绢画

Ch.lii.003

画面为佛教净土

出自敦煌千佛洞

见第二十三章第八节，第二十五章第二节

比例：1:8

◎绢画

Ch.lviii.001

画面为兜率宫弥勒净土

出自敦煌千佛洞

见第二十三章第八节，第二十五章第二节

比例：1:6

◎绢画的一部分

Ch.xxxvii.004

画面为佛教净土

出自敦煌千佛洞

见第二十三章第八节，第二十五章第二节

比例：1:7

◎绢画

Ch.00102

画面为八臂观音

出自敦煌千佛洞

见第二十三章第五节，第二十五章第二节

比例：2:9

◎绢画

Ch.00167

年代为开宝四年（公元 971 年），画面为观音及供养人

出自敦煌千佛洞

见第二十三章第五节，第二十五章第二节

比例：1:4

LXII

◎绢画

画面为佛、菩萨及供养人

出自敦煌千佛洞

见第二十三章第五、八节，第二十五章第二节

比例：1:5

Ch. Iii. 004.

Ch. i. 0012.

◎绢画

Ch.lvi.0019

画面为观音及随侍的神祇

出自敦煌千佛洞

见第二十三章第七节，第二十五章第二节

比例：1:8

◎绢画

Ch.xxviii.006

画面为千手观音及随侍的神祇

出自敦煌千佛洞

见第二十三章第七节，第二十五章第二节

比例：1:6

◎麻布画

画面为千手观音及菩萨

出自敦煌千佛洞

见第二十三章第五节，第二十五章第二节

比例：1:6

Ch. xxi. 005.

Ch. xxi. 0022.

Ch. lvi. 0022.

LXVI

◎绢画

Ch.lvii.004

年代为太平兴国八年（公元 983 年），画面为观音及供养人

出自敦煌千佛洞

见第二十三章第五节，第二十五章第二节

比例：1:4

◎绢画

画面为地藏菩萨及侍者和供养人

其中 Ch.lviii.003 年代为建隆四年（公元 963 年）

出自敦煌千佛洞

见第二十三章第五节，第二十五章第二节

比例：1:5

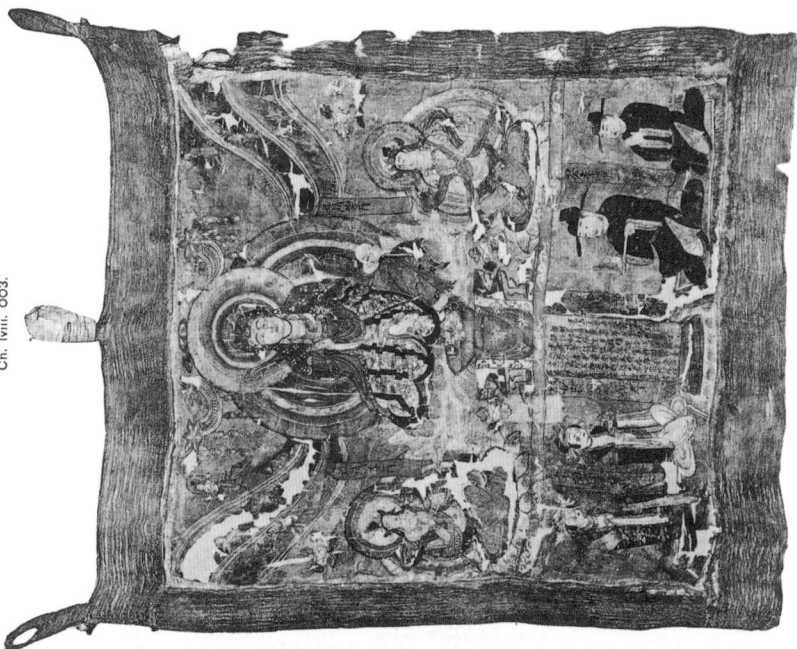

Ch. lviii. OO3.

Ch. OO21.

LXVIII

◎绢画

画面为观音及供养人

出自敦煌千佛洞

见第二十三章第五节，第二十五章第二节

比例：1:5

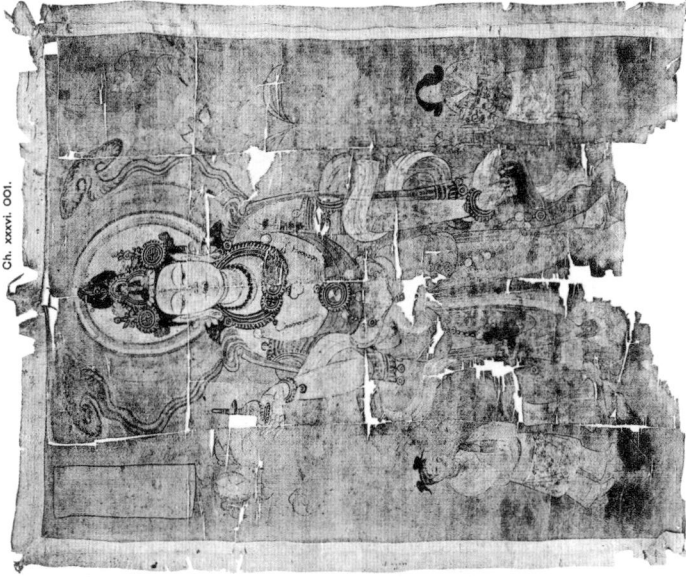

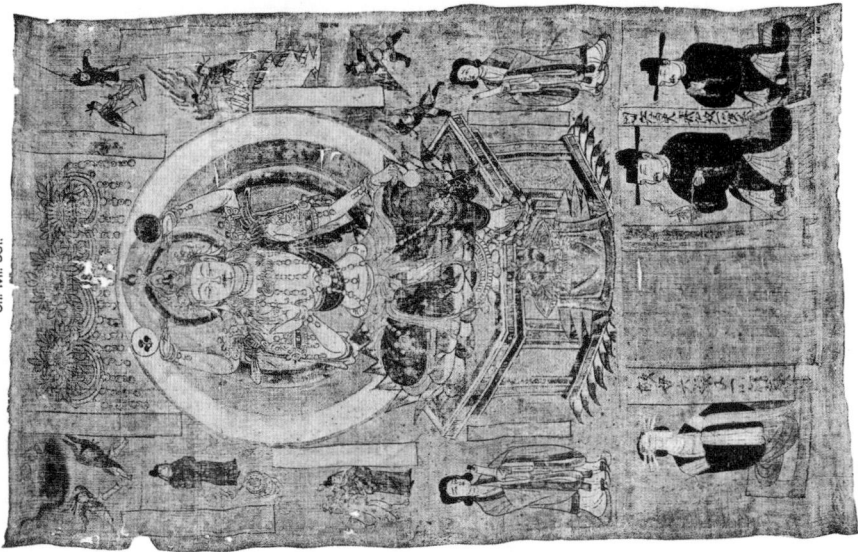

◎绢画

画面为观音，Ch.liv.006 年代为天复十年（公元 910 年）

出自敦煌千佛洞

见第二十三章第五节，第二十五章第二节

比例：1:5

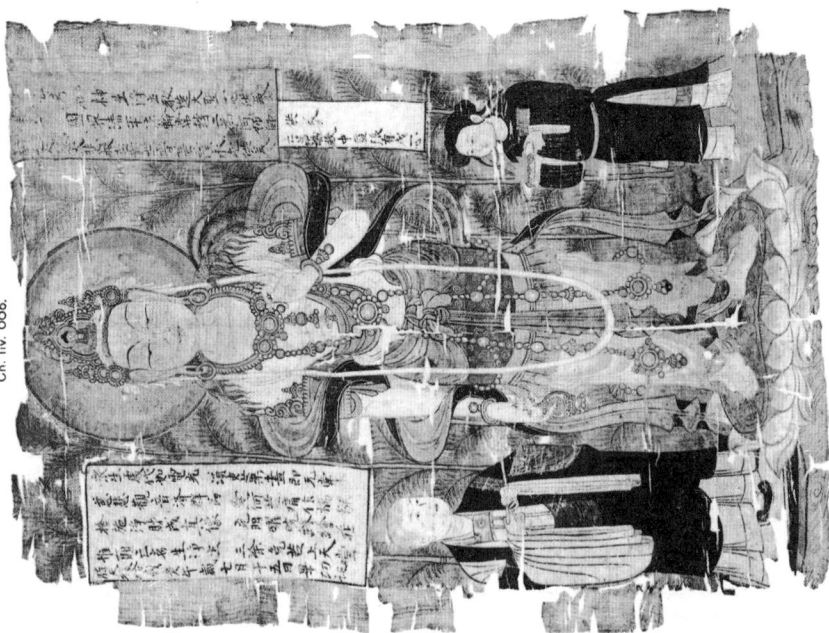

Ch. liv. 006.

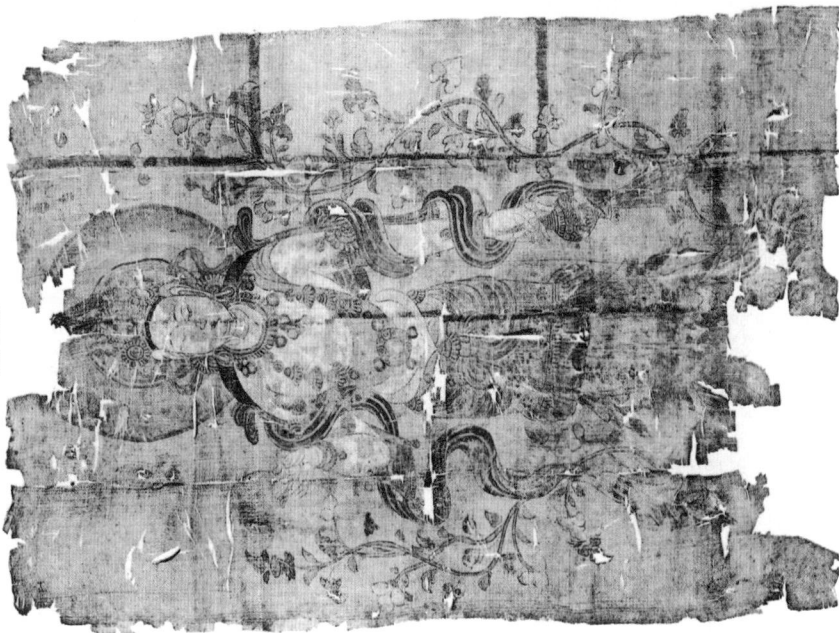

Ch. 0088.

◎绢画

画面为菩萨

出自敦煌千佛洞

见第二十三章第五、七节，第二十五章第二节

比例：见图版

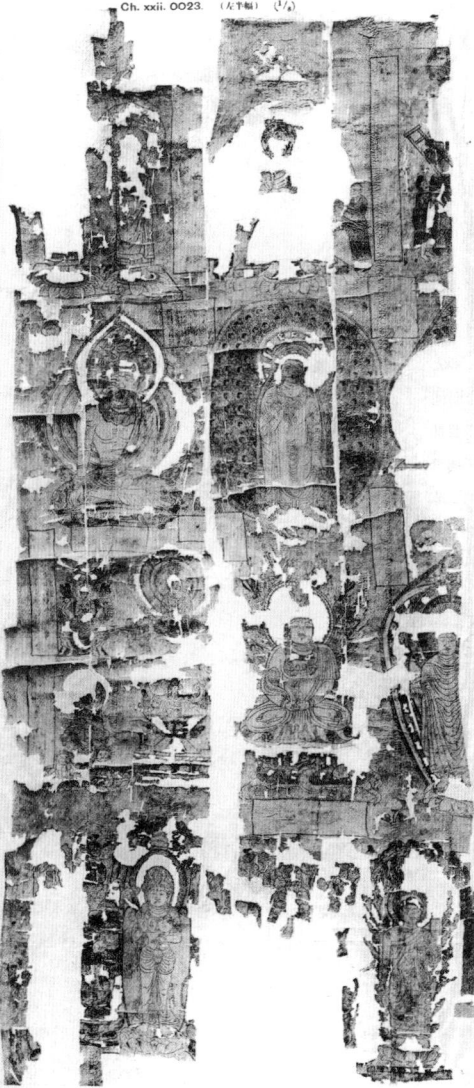

Ch. xxii. 0023.　（左半幅）　(¹/₈)

Ch. 0084.　(²/₉)

Ch. xviii. 003.　(²/₉)

◎绢画

左一幅画面为观音，右一幅是佛及星神

出自敦煌千佛洞

见第二十三章第五节，第二十五章第二节

比例：1:4

◎绢画

Ch.0018

画面为毗沙门天王及随从的神灵鬼怪

出自敦煌千佛洞

见第二十三章第六节，第二十五章第二节

比例：2:3

◎绢画

Ch.xxxvii.002

画面为毗沙门天王及其眷属

出自敦煌千佛洞

见第二十三章第六节，第二十五章第二节

比例：3:10

◎丝绸幢幡

画面为传说中的佛传故事

出自敦煌千佛洞

见第二十三章第四节，第二十五章第二节

比例：见图版

Ch. lv. 0010. (³/₈)

Ch. 00114. (¹/₈)

Ch. lv. 009. (³/₈)

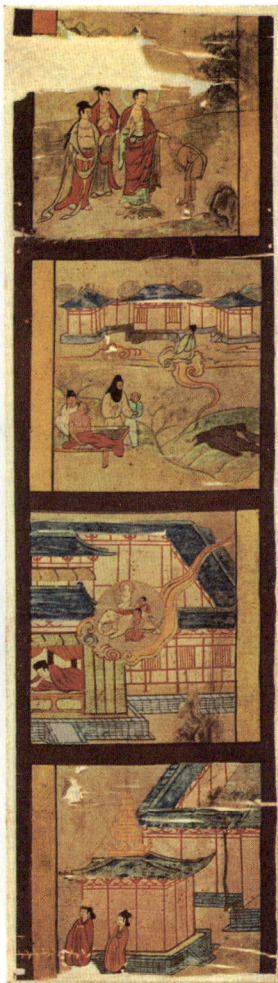

◎丝绸幢幡

画面为传说中的佛传故事及"七政宝"

出自敦煌千佛洞

见第二十三章第四节，第二十五章第二节

比例：1:3

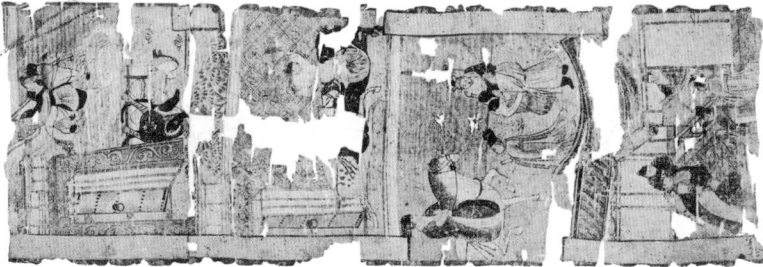

Ch. Iv. 0012.

Ch. xxvi. a. 004.

Ch. xlvi. 007.

◎绢画残片

有的画面是佛传故事

Ch.00350 是其最初裹在一起的状态

出自敦煌千佛洞

见第二十三章第四节，第二十五章第二节

比例：见图版

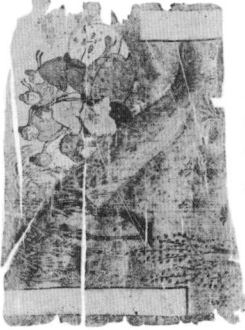

Ch. lxi. OO2. (¹/₂)

Ch. xxii. OO8. (¹/₂)

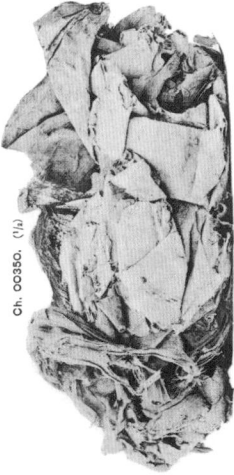

Ch. OO35O. (¹/₃)

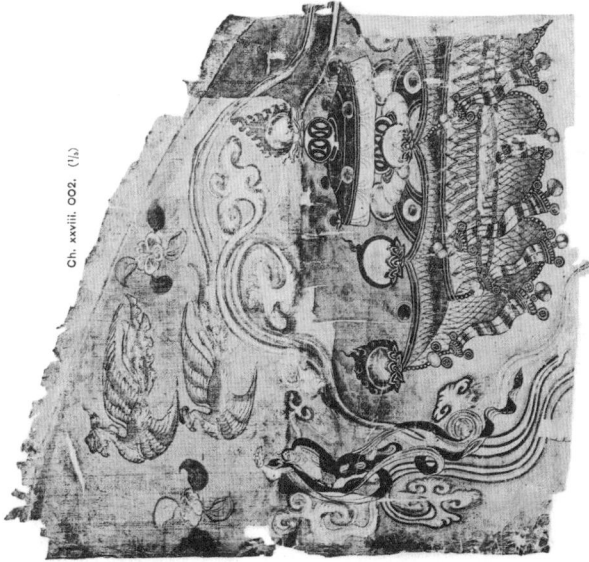

Ch. xxviii. OO2. (¹/₃)

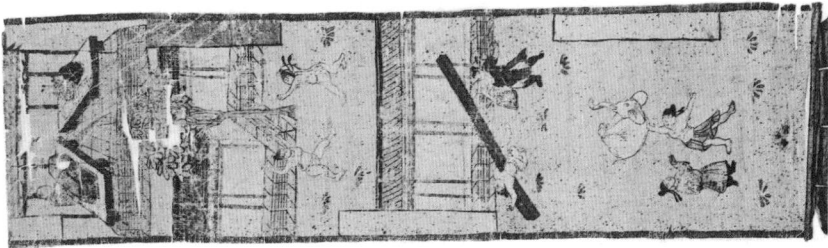

Ch. OO3O. (¹/₃)

◎丝绸幢幡

Ch.xxvii.001 画面为佛传故事

其余两幅画面为菩萨

出自敦煌千佛洞

见第二十三章第四、五节，第二十五章第二节

比例：1:4

Ch. 0025.

Ch. xxvii. 001.

Ch. 003.

◎丝绸幢幡

画面为菩萨

出自敦煌千佛洞

见第二十三章第五节，第二十五章第二节

比例：见图版

Ch. xxiv. 006. (¹/₄)

Ch. i. 002. (¹/₄)

Ch. i. 0013. (³/₁₁)

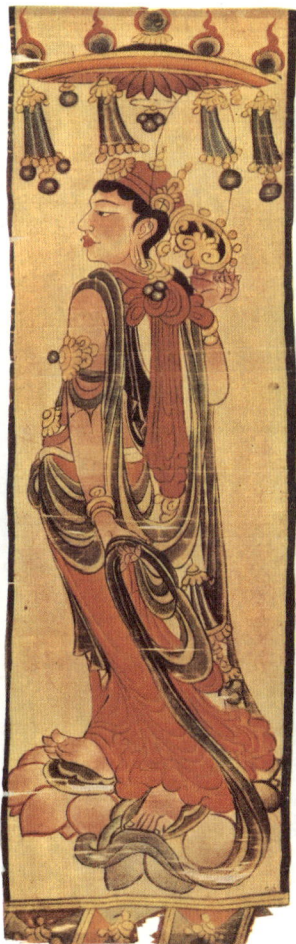

◎**丝绸幢幡及纸幢幡**（Ch.i.009）

画面为菩萨

出自敦煌千佛洞

见第二十三章第五节，第二十五章第二节

比例：1:4

Ch. 001.

Ch. i. 009.

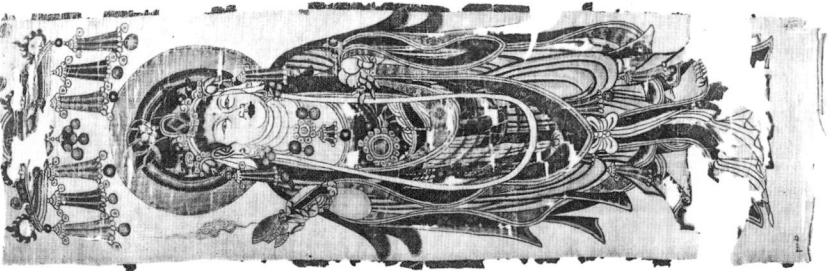

Ch. 009.

◎丝绸幢幡

画面为菩萨

出自敦煌千佛洞

见第二十三章第五节，第二十五章第二节

比例：1:4

Ch. Iv. 0034.　　　　Ch. Iv. 006.

Ch. xvii. 001.

◎丝绸幢幡及 Ch.xxviii.005 大绢画残片

画面为菩萨

出自敦煌千佛洞

见第二十三章第五节，第二十五章第二节

比例：见图版

Ch. xxxviii. 002. (²/₁₅)

Ch. 00142. (³/₁₅)

Ch. Iv. 0019. (²/₉)

Ch. xxxviii. 005. (¹/₉)

Ch. lviii. 004. (²/₉)

◎丝绸幢幡

画面为菩萨

出自敦煌千佛洞

见第二十三章第五节，第二十五章第二节

比例：见图版

Ch. xx. OOI. (³/₈)

Ch. OO2. (³/₈)

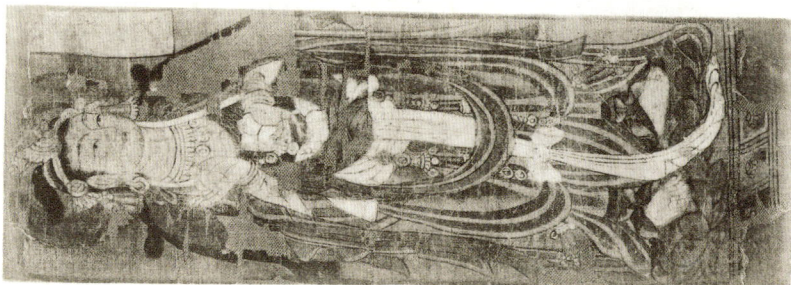

Ch. OO8I. (³/₈)

◎丝绸幢幡

画面为佛教神祇

出自敦煌千佛洞

见第二十三章第四至六节，第二十五章第二节

比例：1:3

Ch. 0095.

Ch. iv. 0015.

Ch. i. 003.

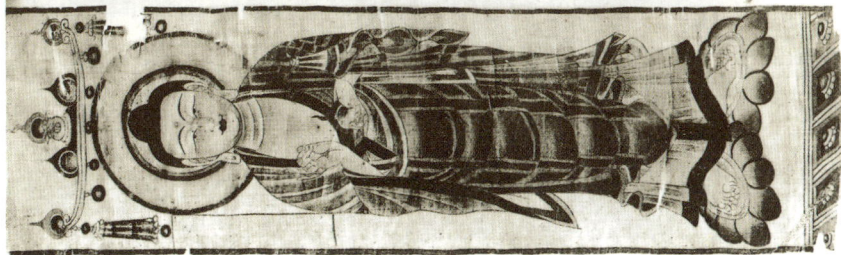

Ch. xxiv. 005.

◎丝绸幢幡

画面为天王

出自敦煌千佛洞

见第二十三章第六节，第二十五章第二节

比例：1:3

Ch. lv. 0046.

Ch. lv. 0020.

Ch. 0010.

◎丝绸幢幡（有的是残片）

画面为天王

出自敦煌千佛洞

见第二十三章第六节，第二十五章第二节

比例：3:10

Ch. 00106.

Ch. 0040.

Ch. 00117.

Ch. xxvi. a 002.

Ch. lv. 0018.

LXXXVI

◎丝绸幢幡

画面为护法金刚

出自敦煌千佛洞

见第二十三章第六节，第二十五章第二节

比例：3:11

Ch. liv. 002.

Ch. xxiv. 002.

Ch. 004.

◎**丝绸幢幡**

画面为佛教神祇，部分为尼泊尔风格

出自敦煌千佛洞

见第二十三章第五、六节，第二十五章第二节

比例：1:4

Ch. lvi. 002.

Ch. lvi. 003.

Ch. lvi. 004.

Ch. lvi. 009.

Ch. xxvi. a. 007.

Ch. xxvi. a. 0010.

Ch. xxvi. a. 009.

Ch. xxvi. a. 008.

◎麻布画

画面为菩萨

出自敦煌千佛洞

见第二十三章第五节，第二十五章第二节

比例：2:9

◎麻布幢幡及麻布画

画面为佛及菩萨

出自敦煌千佛洞

见第二十三章第五节，第二十五章第二节

比例：1:10

Ch. i. 0016.

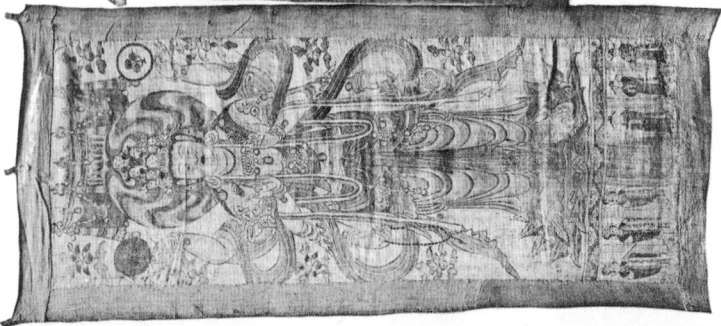

Ch. xxi. 005.

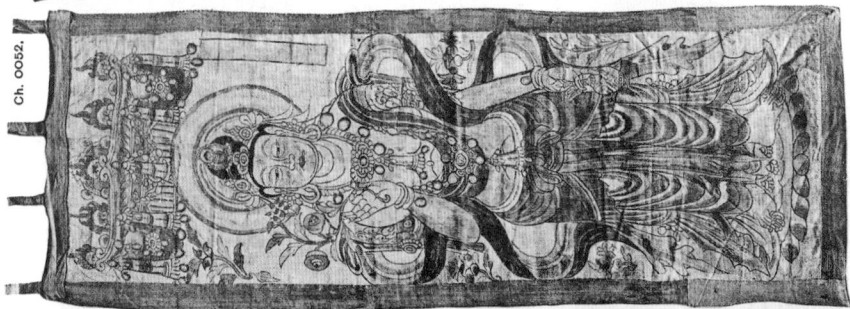

Ch. 0052.

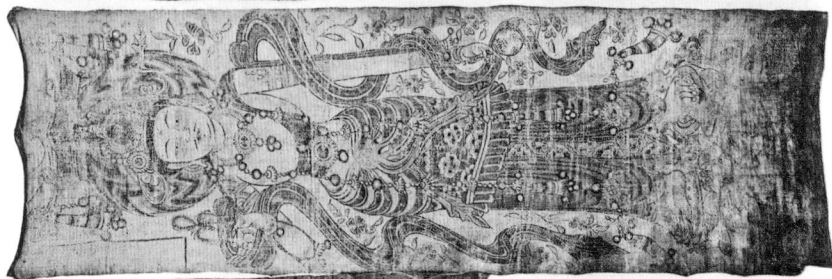

Ch. iii. 0011.

Ch. lvi. 0021.

◎纸画

写本 Ch.xviii.002 中的纸画

画面为四大天王

出自敦煌千佛洞

见第二十三章第六节，第二十五章第二节

比例：3:4

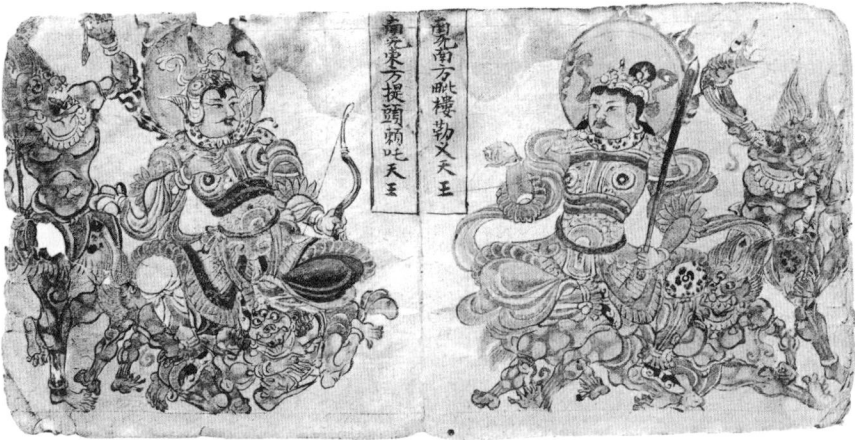

◎纸画

画面为佛教神祇

出自敦煌千佛洞

毛笔速写 Kha.i.50 出自喀达里克

见第二十三章第五节，第二十五章第二节

比例：见图版

Ch. 00163. (¹/₄)

Ch. xl 007. (¹/₄)

Kha. i 50. (²/₅)

Ch. i. 0017. (¹/₄)

Ch. 00162. (¹/₄)

◎纸画

画面主要是佛教诸神

出自敦煌千佛洞

见第二十三章第五至七节，第二十五章第二节

比例：2:5

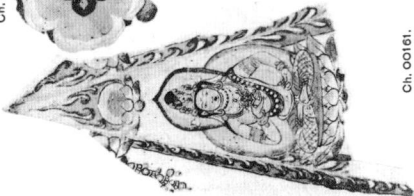

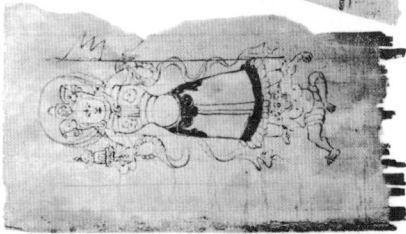

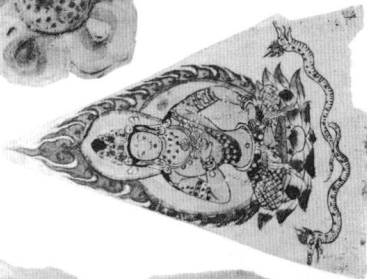

Ch. lvi. 0029.

Ch. xxii. 0026.

Ch. lvi. 0030.

Ch. 00149. a.

Ch. lvi. 0027.

Ch. lvi. 0028.

Ch. 00149. b.

Ch. lvi. 0031.

Ch. 00161.

Ch. 00160.

Ch. xxii. 0026.

Ch. xi. 001-002.

◎长卷纸画

Ch.cii.001 的一部分

画面是地狱审判场景

出自敦煌千佛洞

见第二十三章第九节，第二十五章第二节

比例：1:3

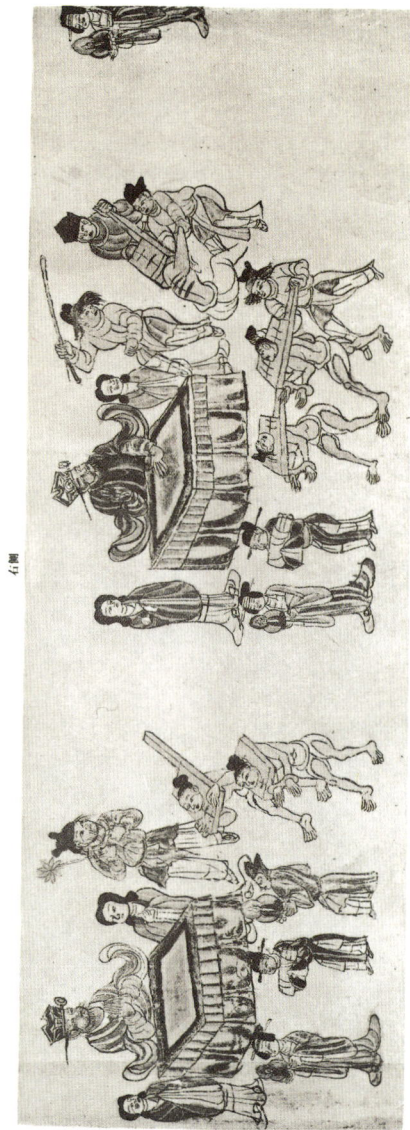

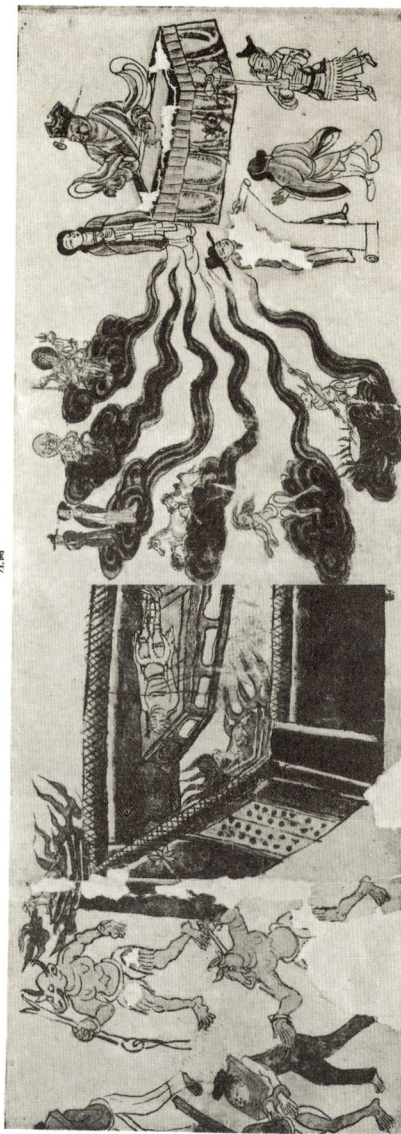

◎菩提经卷上的画（Ch.00226）

◎纸画（Ch.00159 是印花粉印纸模版）

画面是佛教神祇

出自敦煌千佛洞

见第二十三章第九节，第二十五章第二节

比例：见图版

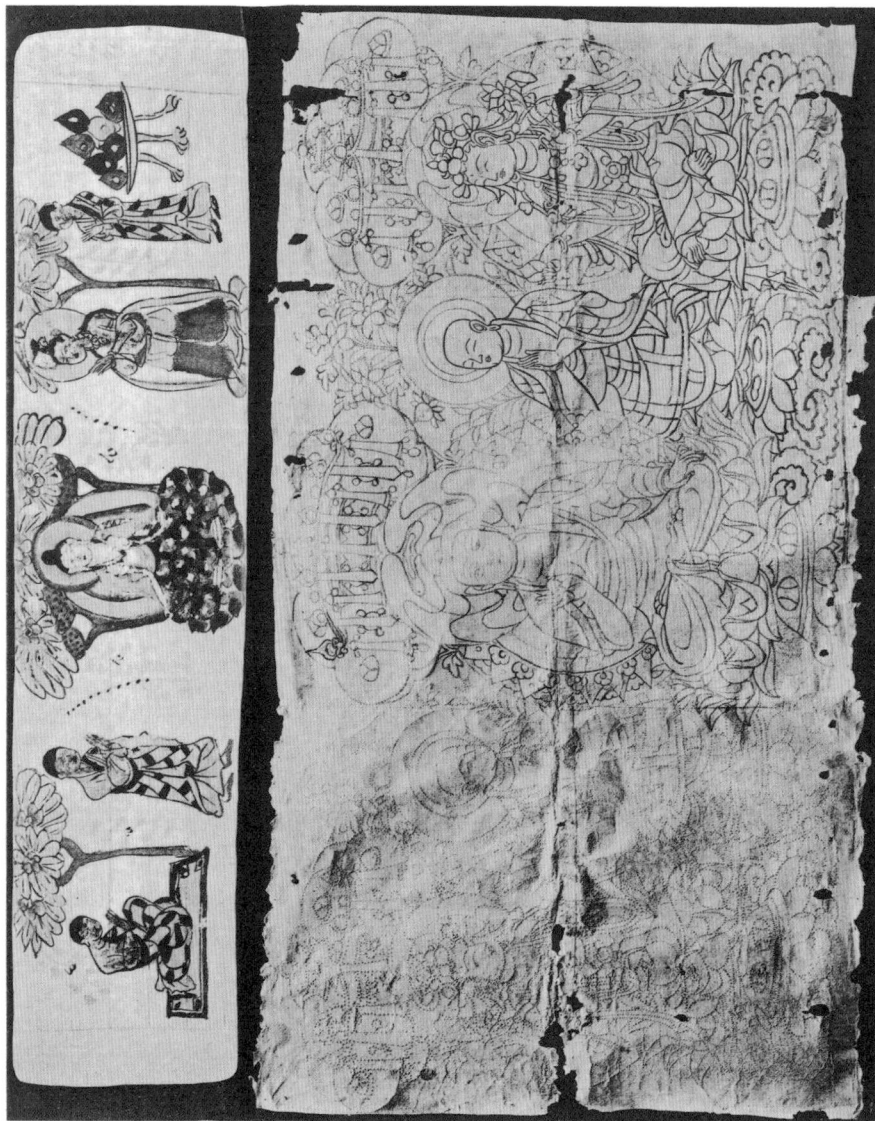

◎白描佛像画稿

可能是壁画的草图

出自敦煌千佛洞

见第二十三章第九节，第二十五章第二节

比例：2:7

Ch. 00144. 正面右侧

Ch. 00144. 背面右侧

Ch. 00144. 背面左侧

◎不同题材的白描纸画

有的画在写卷上，还有一朵纸花（Ch.00149.c)

出自敦煌千佛洞

见第二十三章第九节，第二十五章第二节

比例：见图版

反面 Ch. OO217. a. (¹/₁)

正面

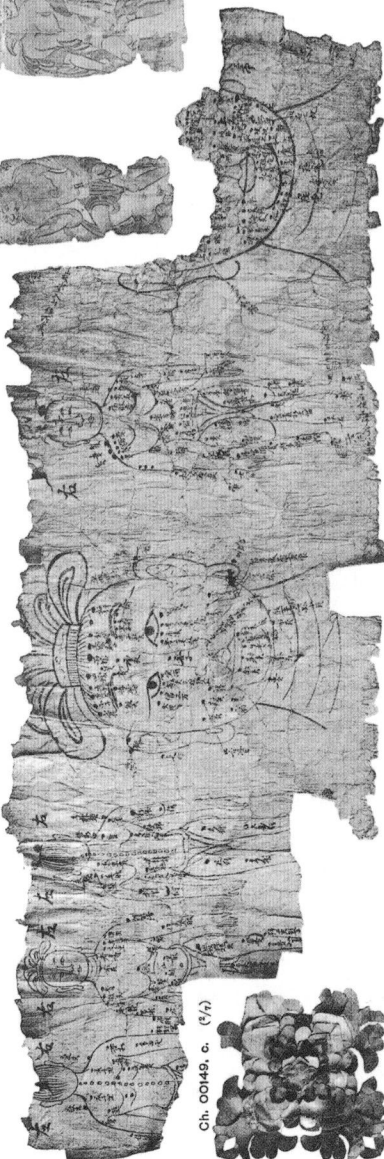

Ch. OO209. (³/₇)

Ch. OO149. c. (³/₇)

Ch. OO207. (¹/₁)

◎不同题材的白描纸画

还有一张剪纸（Ch.00148）

出自敦煌千佛洞

见第二十三章第九节，第二十五章第二节

比例：见图版

Ch. OO146. (¹⁄₄)

Ch. OO147. (¹⁄₄)

Ch. OO148. (¹⁄₄)

Ch. OO144. 正面左侧 (¹⁄₄)

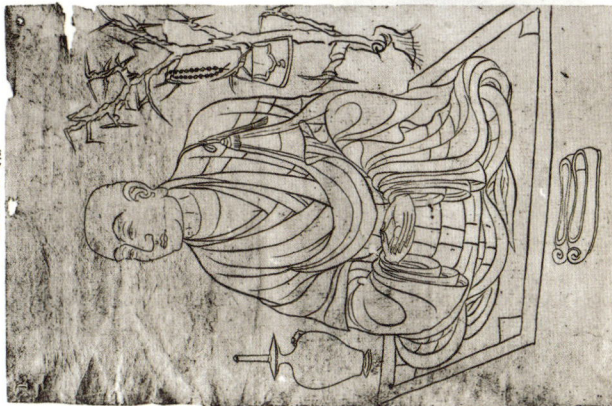

Ch. OO145. (¹⁄₄)

◎白描纸画

画面是金刚及多种手姿等

出自敦煌千佛洞

见第二十三章第九节，第二十五章第二节

比例：2:5

正面　　　　　　Ch. 00156.　　　　　反面

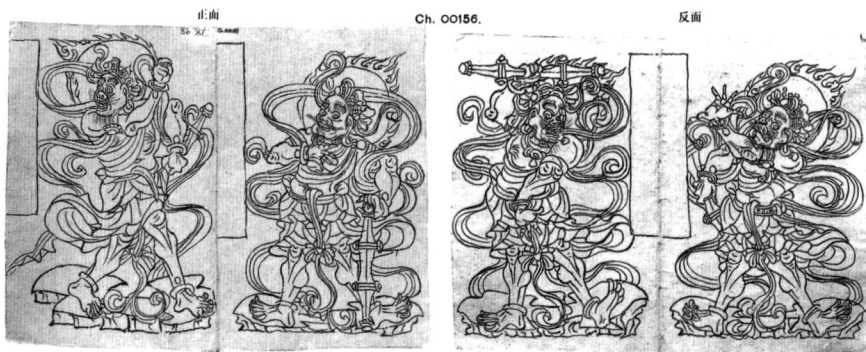

Ch. 00143.　右半面

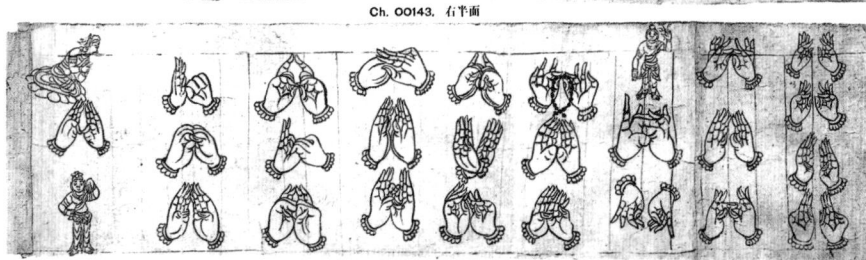

Ch. 00143.　左半面

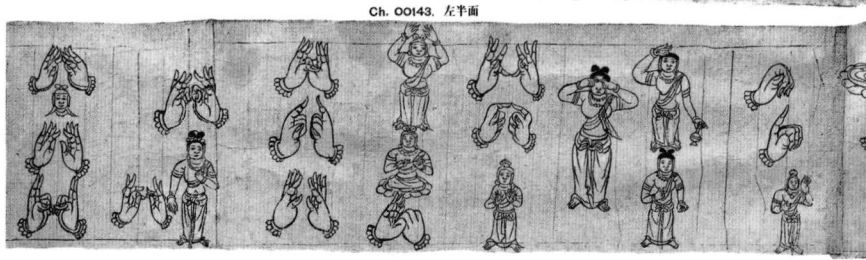

Ch. 00214.

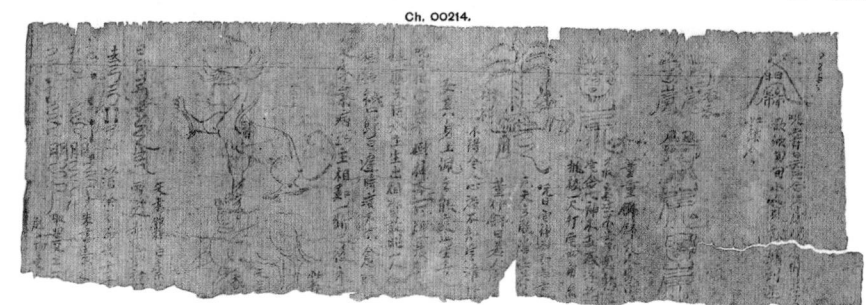

◎佛教题材的雕版印刷品

出自敦煌千佛洞

见第二十三章第九节，第二十五章第二节

比例：3:4

Ch. xx. 0013.

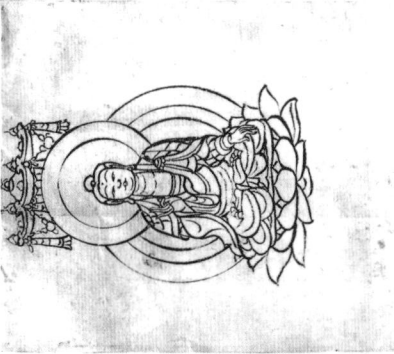

Ch. 00154.

Ch. 00155

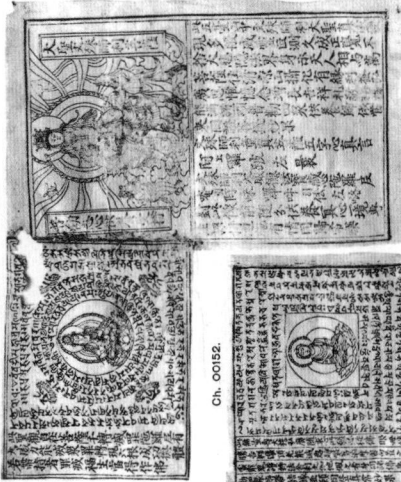

Ch. 00151. a. & i.

Ch. 00152.

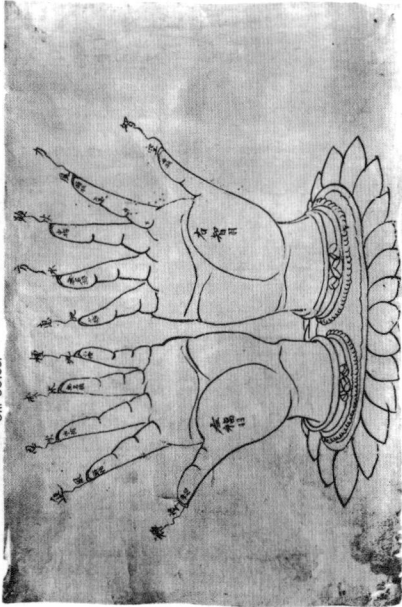

Ch. 00153.

◎佛教题材的雕版印刷品

Ch.00158 是用于祈祷的画，年代为开运四年（公元 947 年）

Ch.ciii.0014 是雕版印刷长卷轴的开头部分

年代为咸通九年（公元 868 年）

出自敦煌千佛洞

见第二十三章第九节，第二十五章第二节

比例：见图版

Ch. 00158. 上半部分

比例: 3:8

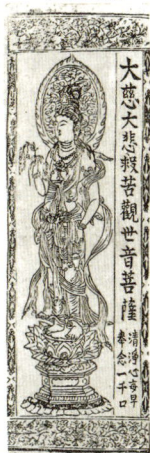
Ch. liv. 0010.

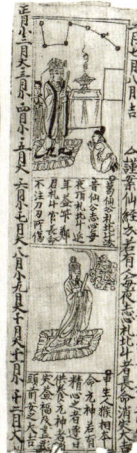
Ch. 00164.

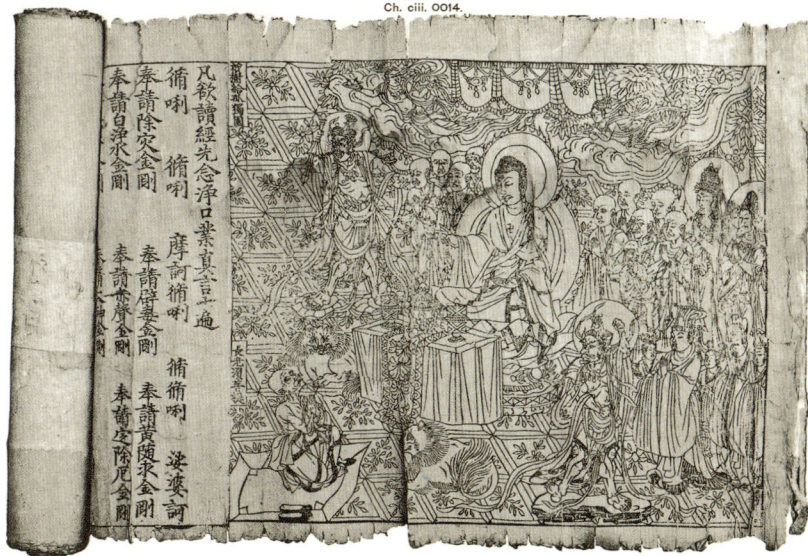
Ch. ciii. 0014.

比例: 1:2

◎雕版印刷的佛经

Ch.00150.a、b

用于祈祷

粘在非佛教题材的纸画 Ch.00150 上

出自敦煌千佛洞

见第二十三章第九节，第二十五章第二节

比例：1:2

聖觀自在菩薩心真言念誦略儀
夫欲念誦請聖加被者先於淨處置此
尊像隨念供養先應礼敬然後念誦
所歸命礼如來雜染淨性同體大悲
聖觀自在菩薩摩訶薩
次誦聖觀自在菩薩蓮花部心真言
唵引阿引路引力迦畔者婆嚩 一合賀引
此真言威德廣大滅罪除災延壽增
福若能誦滿三十萬遍熱重罪業皆得
除滅一切災難不能侵害聰明辯才隨得
皆得若能誦滿一千萬遍一切眾生見
者皆發無上大菩提心當來定生極
樂世界廣如本經所說

聖觀自在菩薩心真言念誦略儀
夫欲念誦請聖加被者先於淨處置此
尊像隨念供養先應礼敬然後念誦
所歸命礼如來雜染淨性同體大悲
聖觀自在菩薩摩訶薩
次誦聖觀自在菩薩蓮花部心真言
唵引阿引路引力迦畔者婆嚩 一合賀引
此真言威德廣大滅罪除災延壽增
福若能誦滿三十萬遍熱重罪業皆得
除滅一切災難不能侵害聰明辯才隨得
皆得若能誦滿一千萬遍一切眾生見
者皆發無上大菩提心當來定生極
樂世界廣如本經所說

◎雕版印刷的佛教符咒

Ch.xliii.004

并印有汉文和婆罗谜文

年代为太平兴国五年（公元 980 年）

出自敦煌千佛洞

见第二十三章第九节，第二十五章第二节

比例：3:5

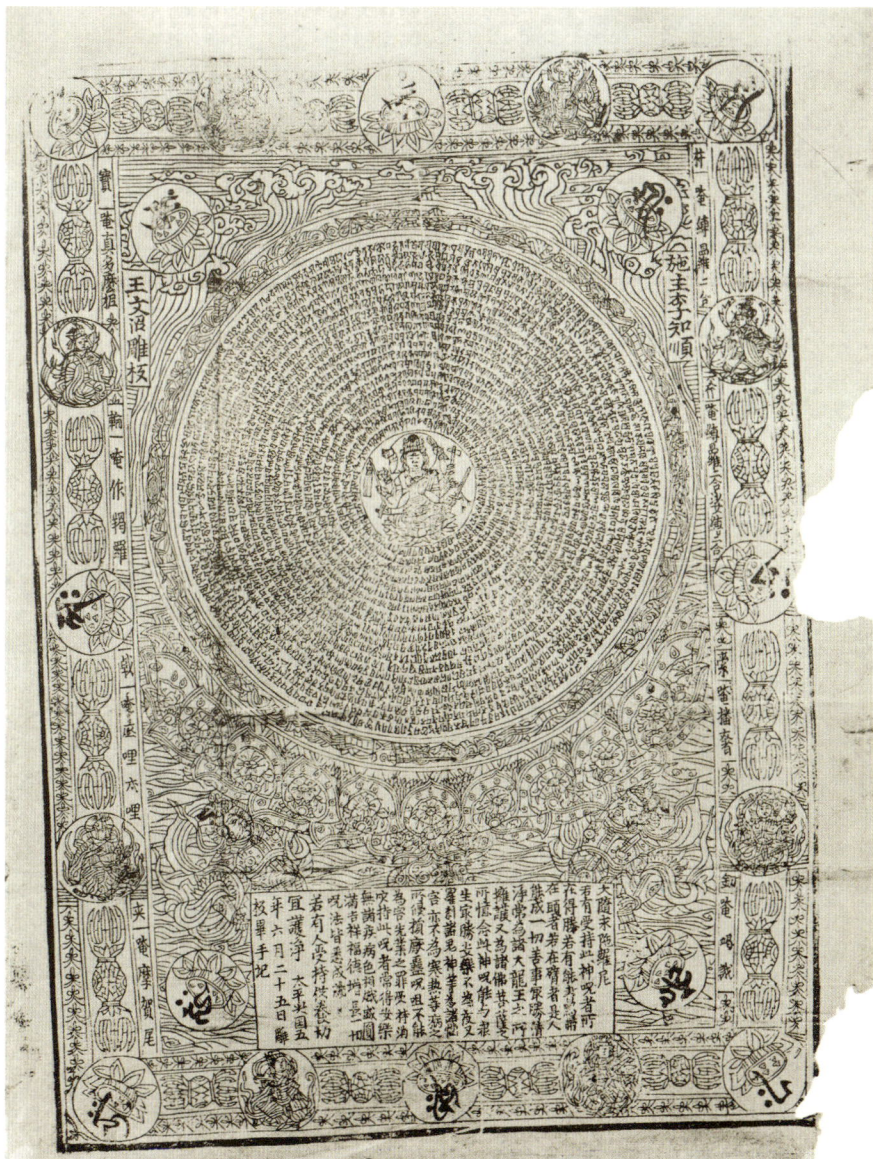

◎纸画长卷

Ch.cii.001 的一端

◎雕版印刷的佛教祈祷文

Ch.00185.a（年代为公元 947 年）

◎白描佛教符咒等

出自敦煌千佛洞

见第二十三章第九节，第二十五章第二节

比例：1:4

Ch. cii. 001　左端

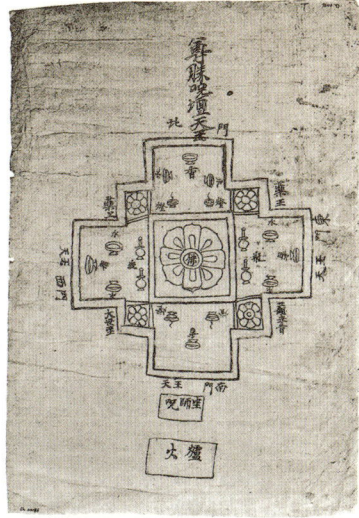

Ch. 00186.

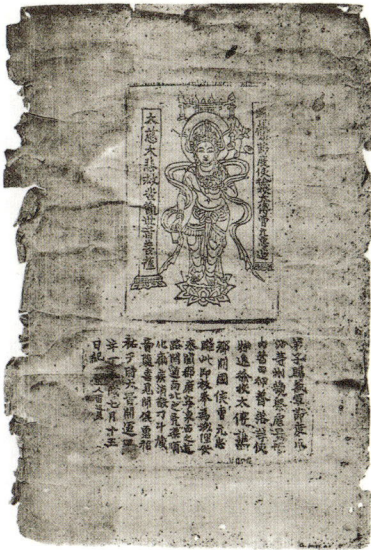

Ch. 00185. a.

Ch. 00187.

◎刺绣吊帘

Ch.00260

绣有一佛二弟子二菩萨像

出自教煌千佛洞

见第二十三章第七节，第二十四章第一节，

第二十五章第二节

比例：1:10

◎刺绣吊帘

Ch.00100

绣有千佛等像

出自敦煌千佛洞

见第二十四章第一节，第二十五章第二节

比例：1:3

◎刺绣、织锦和花绸

出自敦煌千佛洞

见第二十四章第一至三节，第二十五章第二节

原书比例：见图版

本图版已在原比例基础上缩小 1/4

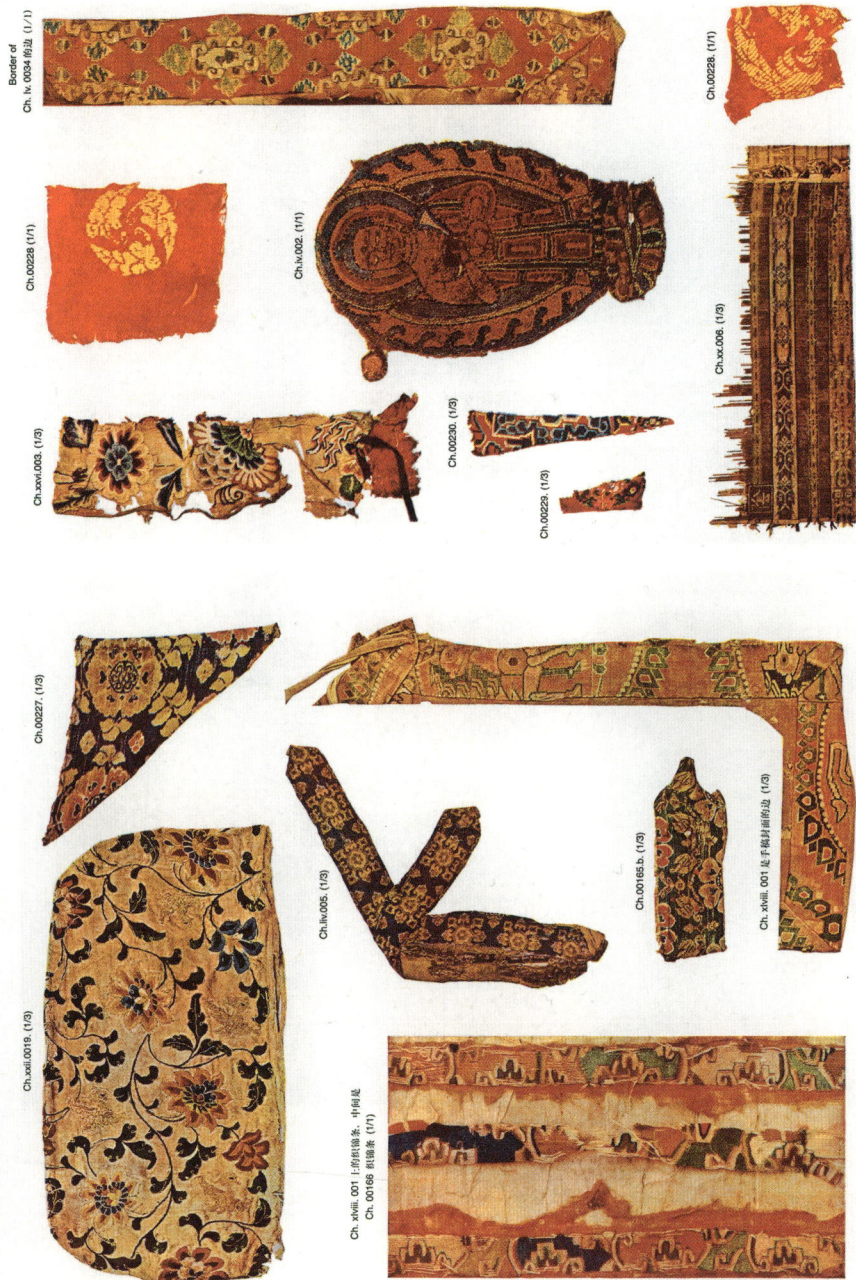

Border of
Ch. lv. 0034 的边 (1/1)

Ch.00228. (1/1)

Ch.00228. (1/1)

Ch.lv.002. (1/1)

Ch.xx.006. (1/3)

Ch.xxvi.003. (1/3)

Ch.00230. (1/3)

Ch.00229. (1/3)

Ch.00227. (1/3)

Ch.liv.005. (1/3)

Ch.00165.b. (1/3)

Ch. xlviii. 001 龙手帕封面的边 (1/3)

Ch.xxii.0019. (1/3)

Ch. xlviii. 001 1:方形镶条。中间处
Ch. 00166 刺绣条 (1/1)

◎刺绣和花绸

拼贴布 Ch.lv.0028 上

出自敦煌千佛洞

见第二十四章第一、二节，第二十五章第二节，

参考图版 CVIII

比例：3:5

Ch. Iv. 0028. [3]. [7-10].

Ch. Iv. 0028. [1-3].

CVIII

◎拼贴布

Ch. Iv.0028

由刺绣和花绸拼成

出自敦煌千佛洞

见第二十四章第一、二节，第二十五章第二节

比例：1:6

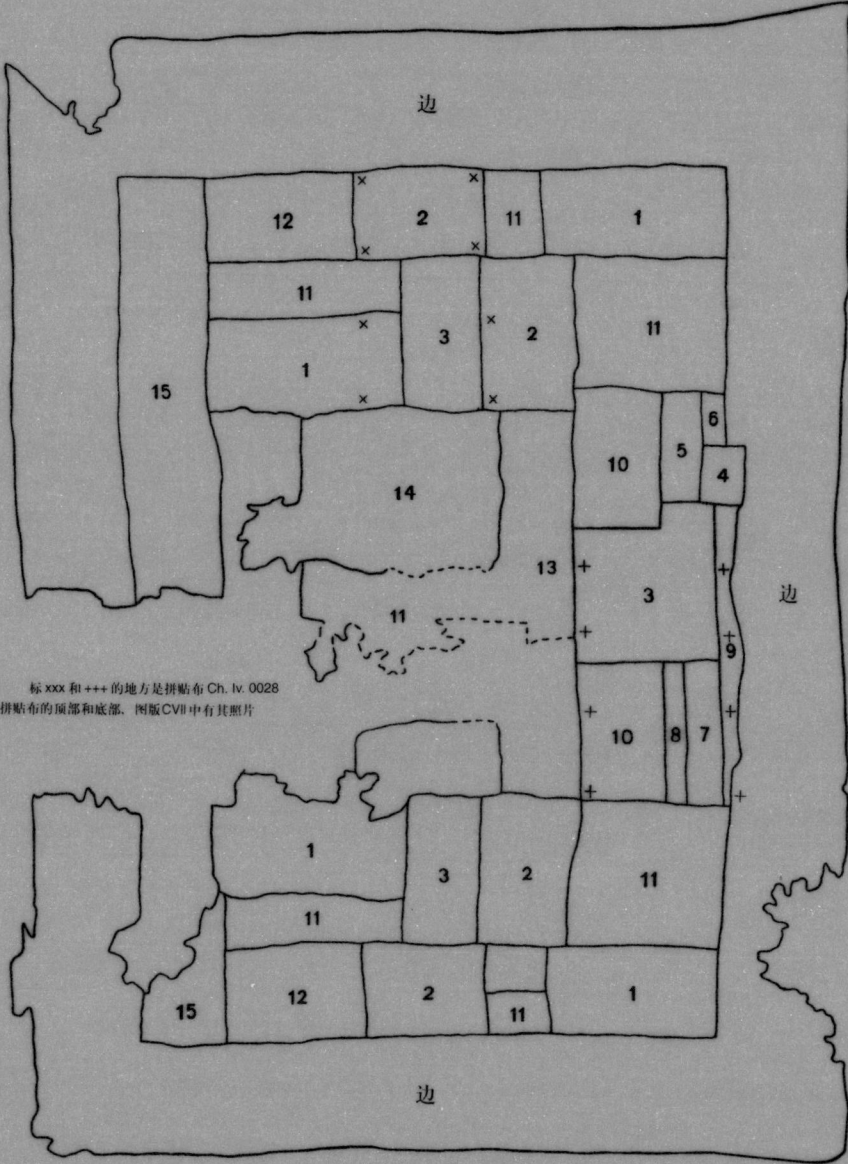

边

12 × 2 × 11 1

× 11 ×

15 11 3 × 2 11

1 10 5 6

× × 4

14 10 5

13 + 3 + 边

11 +

9

标 ××× 和 +++ 的地方是拼贴布 Ch. Iv. 0028
拼贴布的顶部和底部，图版 CVII 中有其照片

10 8 7 +

+ +

1 11

3 2

12 2 1

15 11

边

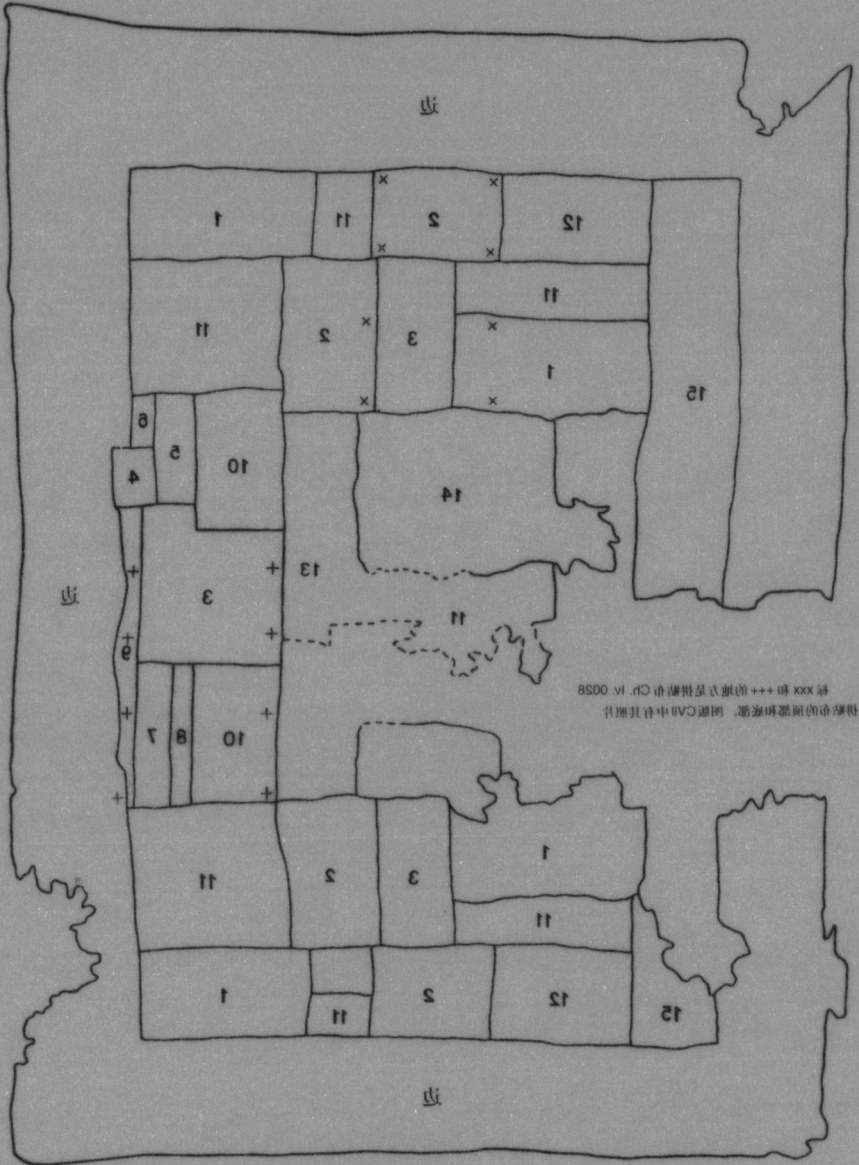

根据 xxx 和 +++ 的地方是相联络的，据图 CVII 中有其规定

◎盖香案用的帷幔残件

Ch.00278

用多块花绸等织物拼成

出自敦煌千佛洞

见第二十四章第一、二节，第二十五章第二节

比例：1:3

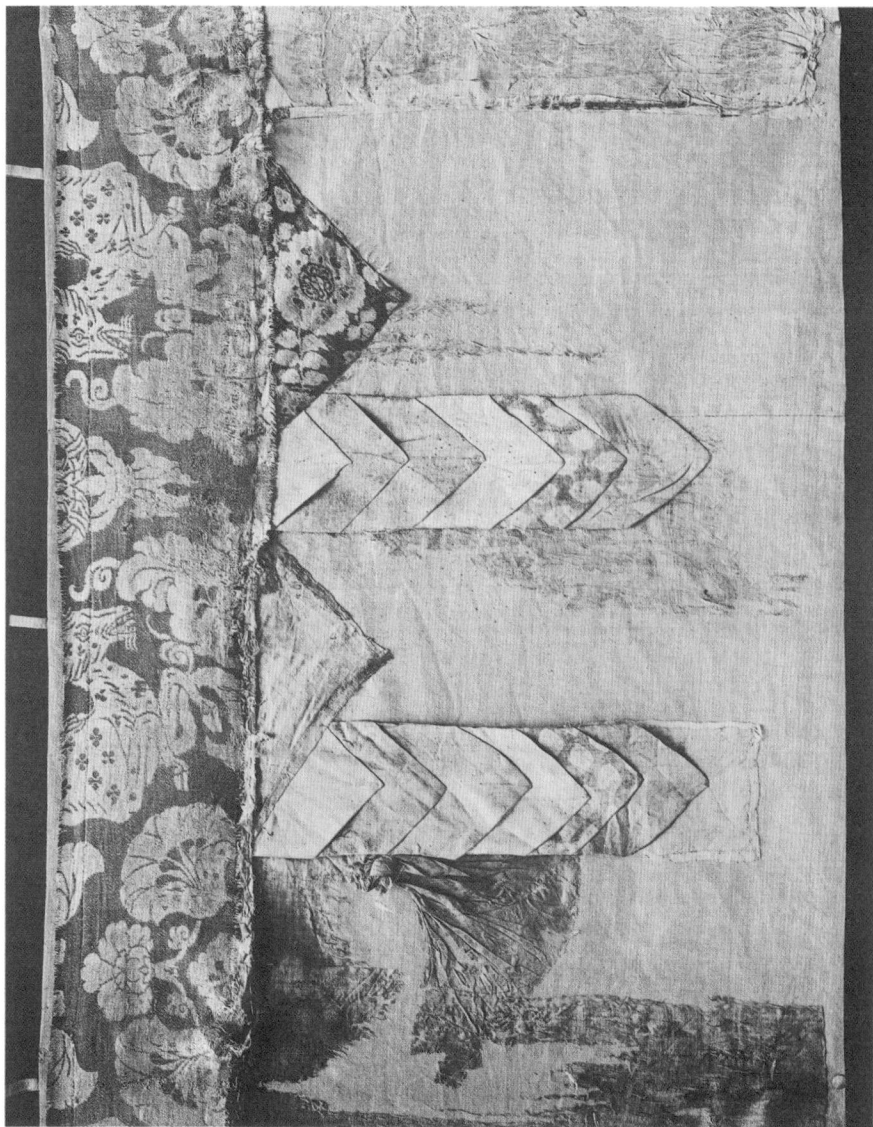

◎盖香案用的帷幔残件

Ch.00279

◎大小不一的刺绣和花绸

大多出自敦煌千佛洞

见第二十四章第一、二节，第二十五章第二节

比例：1:2

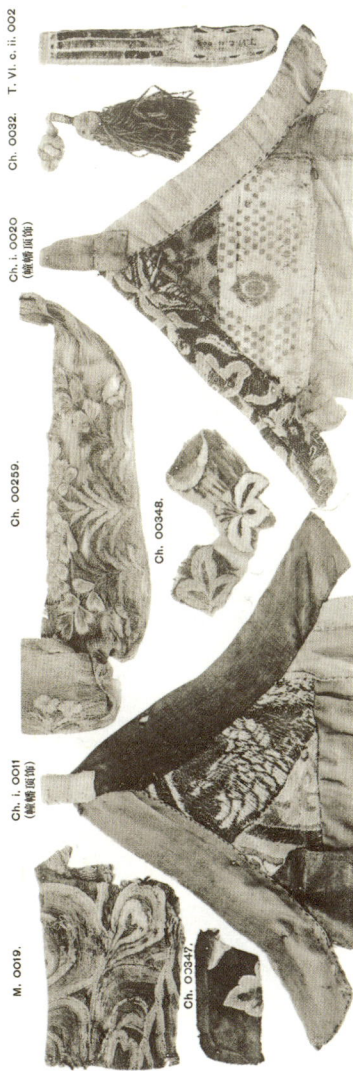

◎带织锦条的写卷封面

Ch. xlviii.001

◎刺绣和花绸

大多出自敦煌千佛洞

见第二十四章第一至三节，第二十五章第二节

比例：3:10

M. I. viii. OO17.
Ch. OO171.
Ch. OO172.
Ch. xxvi. OO2.
Ch. OO177 a, b.
Ch. OO180.
Ch. OO174. a
Ch. xlviii. OO1.
Ch. OO176. a.
Ch. OO175.
Ch. OO173.
Ch. OO76.
L. A. VI. ii, OO45. b.
Ch. OO178.
Ch. OO118.
Ch. OO179.
Ch. OO181.
Ch. OO182.
Ch. OO9
(幡幢顶饰)

◎花绸及织锦

出自敦煌千佛洞

见第二十四章第一至三节，第二十五章第二节

比例：1:2

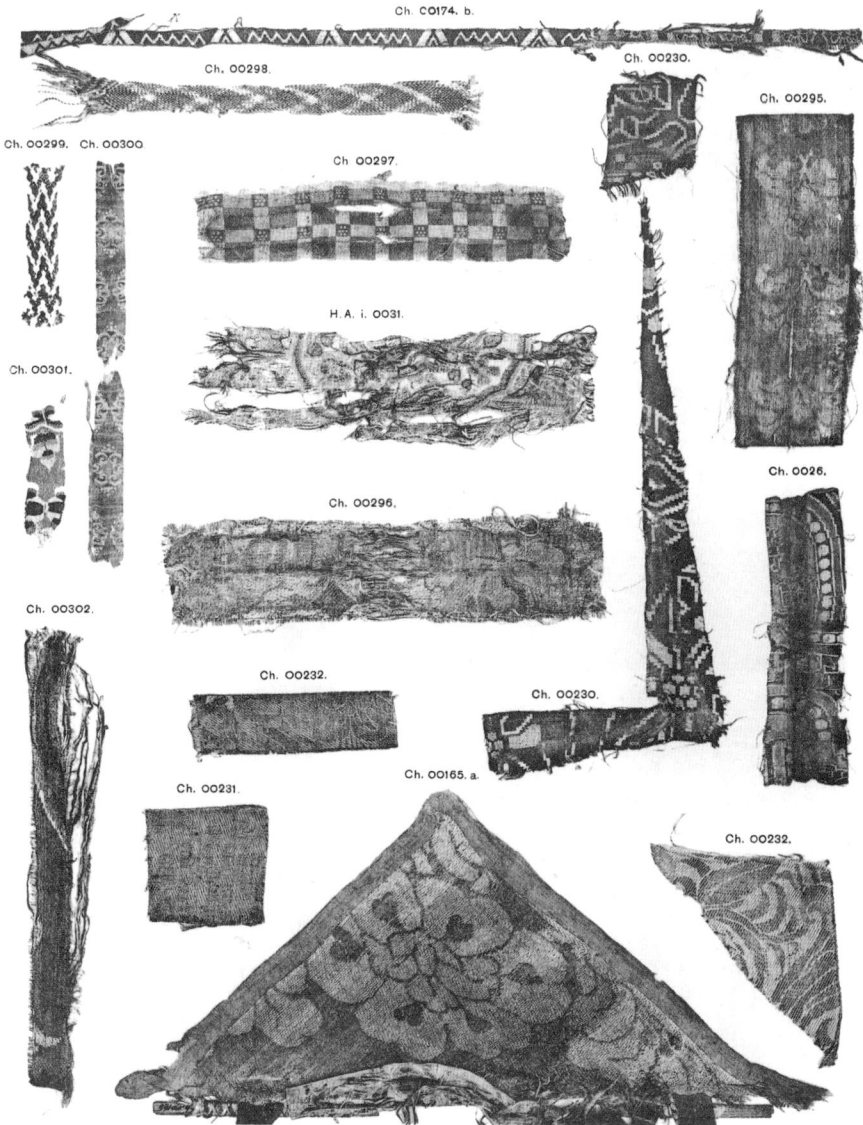

Ch. C0174. b.

Ch. 00298.

Ch. 00230.

Ch. 00295.

Ch. 00299. Ch. 00300

Ch 00297.

H. A. i. 0031.

Ch. 00301.

Ch. 0026.

Ch. 00296.

Ch. 00302.

Ch. 00232.

Ch. 00230.

Ch. 00231.

Ch. 00165. a.

Ch. 00232.

◎印花绸

◎用模板印刷的图案

Ch.00303

出自敦煌千佛洞

见第二十四章第一、二节，第二十五章第二节

比例：1:3

Ch. 00304. a.

Ch. 00303.

Ch. 00310.

Ch. 00309.

Ch. 00306.

Ch. 00305.

Ch. xxiv. 009.

Ch. 00308.

Ch. i. 0022.

Ch. 00291.

Ch. 00307.

CXIV

◎印花绸的织物图案示意图

Ch.00304

出自敦煌千佛洞

见第二十四章第三节，第二十五章第二节

比例：1:3

靛蓝　　　紫　　　绿　　　红　　　黄

◎花绸幢幡顶饰等的图案示意图

出自敦煌千佛洞

见第二十三章第二、三节，第二十五章第二节

比例：5:9

◎花绸织物图案示意图

Ch. xlviii.001

出自敦煌千佛洞

见第二十四章第三节，第二十五章第二节

比例：5:9

◎丝绸织物图案示意图

出自敦煌千佛洞

见第二十四章第二、三部分，第二十五章第二部分

比例：见图版

Kha.i. c. 00119. (2/3)

米黄
亮绿色
亮橙色
石榴红
古金

注:
现存的部分
壁画用点线
标了出来

白黄
浅绿蓝

红棕
暗棕
黑
缺尖

Ch.00181. (2/3)

Ch. 00291 + 00292. (¹/₇)

蓝
红黄白
缺尖

Ch. 00357. (¹/₇)

◎锦缎图案示意图

出自敦煌千佛洞及敦煌古长城

见第二十章第七节，第二十四章第一、二节，

第二十五章第二节

比例：见图版

T. XIV. v. 001. a. ($^2/_3$)

Ch. 00351. ($^2/_5$)

T. XIV. v. 0011. b. ($^1/_1$)

Ch. 0086. ($^4/_{11}$)

CXVIII

◎花绸图案示意图

出自敦煌古长城和千佛洞

见第十九章第八节，第二十章第七节，

第二十四章第二、三节，第二十五章第二节

比例：见图版

T. XXII. C. 0010. (¾)

黑色处为褐绿色; 阴影处为古金色

Ch. 00293. a. (⅞)

Ch. 00182. (1½)

f. 浅灰 绿 深灰 褐绿

Ch. 00168. (½)

绿 皮 米黄 草 黄

Ch. 00230. (½)

黑色代表底色; 阴影处为灰色; 交叉处为白色成黄色

◎拼贴帷幔顶上的花绸图案示意图

Ch.00278

出自敦煌千佛洞

见第二十四章第一、二节，第二十五章第二节

比例：1:3

阴影处为桔红色；空白处为白色

◎纱罗图案示意图

出自敦煌千佛洞

见第二十四章第一、二节，第二十五章第二节

比例：1:1

Ch. 00312.

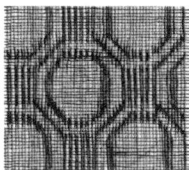

Ch. 00337.

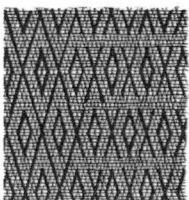

Ch. 00344.

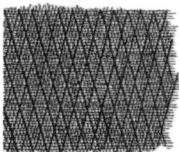

Ch. 00346.

Ch. 00313.

Ch. 00336.

CXXI

◎锦缎图案示意图

出自敦煌千佛洞

见第二十四章第一、二节，第二十五章第二节

比例：1:1

Ch. 00242.

Ch. liv. 005.

Ch. 00239.

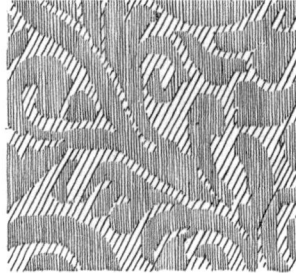

Ch. 00342. a.

Ch. 00339.

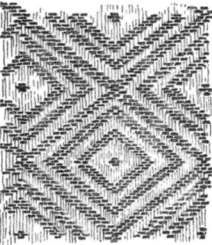

Ch. 00342. b.

Ch. 00243.

Ch. 00340.

Ch. 00341.

M. I. 0094.

Ch. 00343.

Ch. 00294.

Ch. 00338.

Ch. 00241.

Ch. 00345.

◎锦锻图案示意图

Ch.xxviii.007

◎印花绸图案示意图

Ch.lv.0028

出自敦煌千佛洞

见第二十四章第一、二节，第二十五章第二节

比例：2:5

Ch. xxviii. 007.

Ch. lv. 0028.

靛蓝　绿　褐色　桃色　浅黄

◎印花绸图案示意图

大多出自敦煌千佛洞

见第二十四章第一、二节，第二十五章第二节

比例：1:1

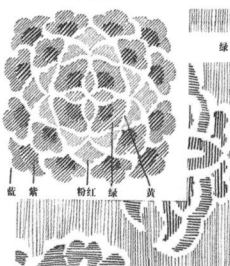

◎蛋彩壁画及彩绘木板

出自焉耆明屋

见第二十九章第三、四节

比例：见图版

壁画 mi. xiii. 10 (1/5)

壁画 mi. xiii. 6 (1/5)

壁画 mi. xiii. 5 (1/5)

彩绘木板 mi. vii. 0019 (1/4)

◎蛋彩壁画

出自法哈特伯克亚依拉克的 F.XII 佛寺

◎蛋彩壁画

出自吐鲁番克其克阿萨的 H.B.V 寺院

◎彩绘木板

出自法哈特伯克亚依拉克的 F.II 佛寺

◎蛋彩壁画的一部分

出自焉耆明屋 Mi.xiii 佛寺的北墙裙上

见第二十九章第三、四节

原书比例：见图版

本图版已在原比例基础上缩小 1/3

F.II.iii.002. 反面 (1/4)

F.II.iii.002. 正面 (1/4)

F.II.iii.2. (1/4)

彩绘木板。出自法咕哈特伯克专棵拉克的 F.II 佛寺
（见第三十一章第一部分）

Mi.xiii.5.

Mi.xiii.6.

Mi.xiii.7.

彩色壁画。出自比奢反托克巴伊的 H.B.V 寺院
（见第三十八章第四部分）

H.B.v.006. (1/4)

Mi.xiii.8.

彩色壁画。出自法咕哈特伯克专棵拉克的 F.XII 佛寺

Mi. xiii. 9

F. XII. 005. (1/6)

壁画嵌板残片。出自高寺明佛区 Mi.xiii 佛寺的北边墙上
（见第三十九章第三、四节）

比例：1/5

CXXVI

◎蛋彩壁画

出自焉耆明屋 Mi.xviii 遗址

◎浮雕底部的蛋彩壁画

出自塔里什拉克佛寺

◎蛋彩壁画

出自焉耆明屋 Mi.xviii 佛寺东、西墙裙上

见第二十九章第三、四节

原书比例：见图版

本图版已在原比例基础上缩小 1/3

佛教寺院伊琼底座的彩绘画，出自米明什拉比丘
（见第三十一章第四部分）

Mi. xiii. 12.

Mi. xiii. 11

Mi. xiii. 1.

Ta. 009. (¹/₅)

Mi. xviii. 0014. (²/₅)

Mi. xiii. 2

Mi. xiii. 3.

壁画残骸，出自庙寺附近遗址 Mi. xviii.

Mi. xiii. 4.

玛哥明堆 Mi.xiii 佛寺内，内墙上的彩绘画
（见第二十九章第三、四节）

比例：1/5

◎**佛教题材的木浮雕天王像**

Mi.ix.001

◎**佛教题材的小木雕天王像**

Mi.xv.0031

出自焉耆明屋

见第二十九章第二、四节

比例：1:1

CXXVIII

◎装饰性木雕

出自焉耆明屋的寺院

见第二十九章第二至四节

比例：2:5

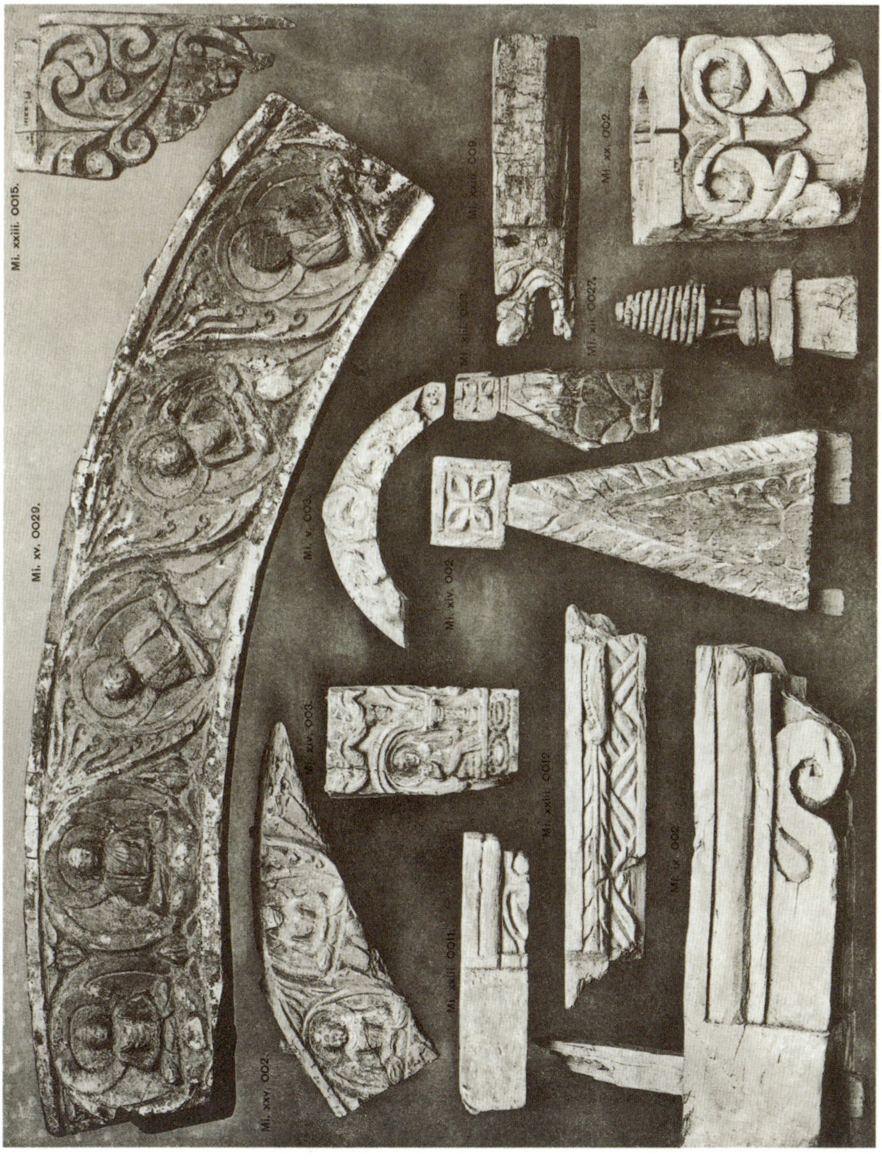
Mi. xxiii. 0015.
Mi. xv. 0029.
Mi. xxv. 002.
Mi. v. 003.
Mi. xiv. 002
Mi. xiv. 003.
Mi. xxiii. 0011.
Mi. xxiii. 0012
Mi. ix. 002
Mi. xx. 002.
Mi. xii. 0027.

CXXVIII

129 *CXXIX*

◎泥塑头像及残瓦片

出自焉耆明屋的寺院

见第二十九章第三、四节

基本比例：2:5

Mi. xv. 0010 (²/₃)

Mi. xxiii. 1.

Mi. xvi. 004

Mi. xvi. 005

CXXX

◎泥塑头像

出自焉耆明屋遗址

见第二十九章第三、四节

比例：4:5

Mi. xvii. 004.

Mi. xvii. 003.

◎泥塑头像

出自焉耆明屋的寺院

见第二十九章第三、四节

比例：3:5

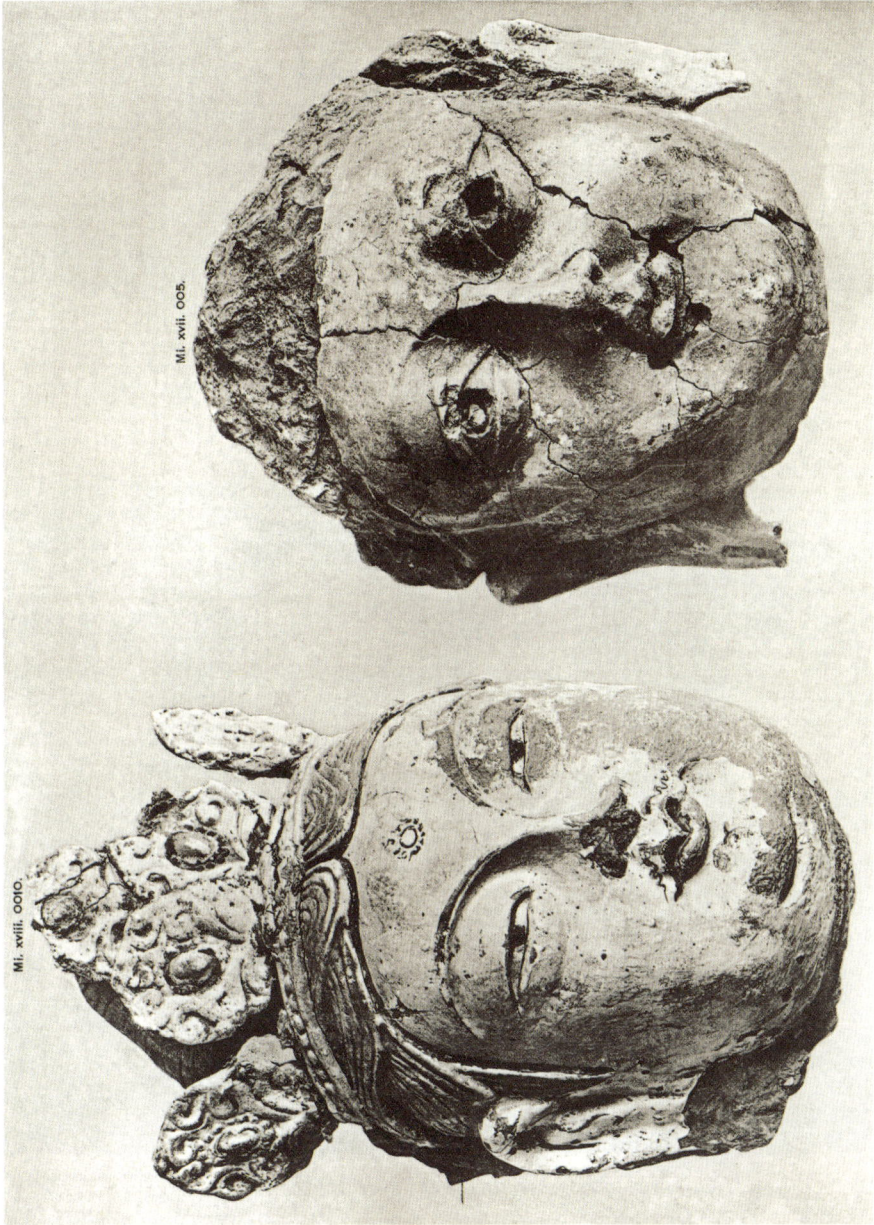

◎泥塑头像

饰于焉耆明屋寺院墙上

见第二十九章第三、四节

比例：1:2

Mi. xi. 0090   Mi. x. 0019   Mi. xviii. 007   Mi. xi. 00104   Mi. xii. 005.

Mi. xi. 00123.   Mi. xi. 00101

Mi. xi. 00107.   Mi. xi. 0056.

Mi. xi. 00103.   Mi. xi. 00102.   Mi. xii. 006.

Mi. xi. 0058.

Mi. xxvi. 004.   Mi. x. 0018.   Mi. xi. 0063

Mi. i. 001

◎人物泥塑残片

饰于焉耆明屋寺院墙上

见第二十九章第三、四节

比例：2:5

◎**人物泥塑残片**

饰于焉耆明屋寺院墙上

见第二十九章第三、四节

比例：2:5

Mi. xii. OOI. Mi. xi. OO62. Mi. xi. OO3. Mi. xi. OO2.

Mi. xi. OO2I.

Mi. xi. OOI.

Mi. xi. OO5.

CXXXV

◎人物泥塑残片

饰于焉耆明屋寺院墙上

见第二十九章第三、四节

比例：2:5

◎**泥塑残片**

饰于焉耆明屋寺院墙上

见第二十九章第三、四节

比例：1:3

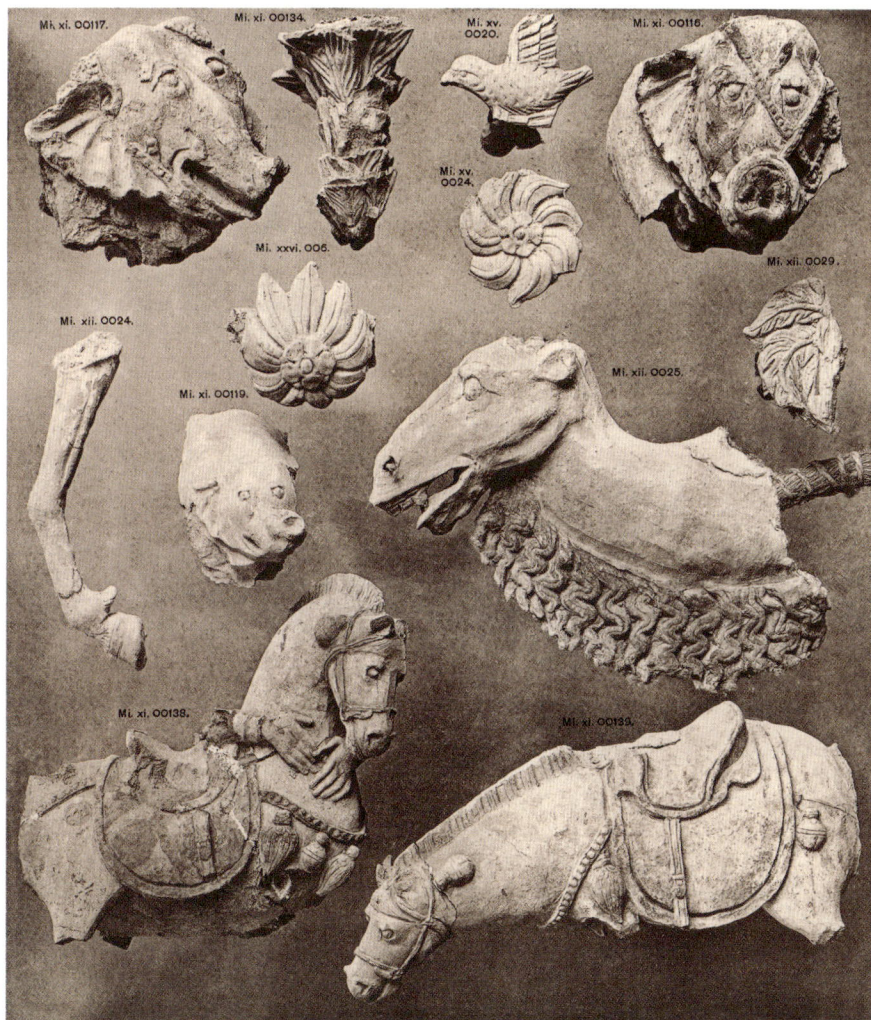

Mi. xi. 00117.　Mi. xi. 00134.　Mi. xv. 0020.　Mi. xi. 00116.
Mi. xv. 0024.
Mi. xxvi. 005.　Mi. xii. 0029.
Mi. xii. 0024.　Mi. xii. 0025.
Mi. xi. 00119.
Mi. xi. 00138.　Mi. xi. 00133.

◎泥塑残片

饰于焉耆明屋寺院墙上

见第二十九章第三、四节

比例：3:8

Mi. xxvi. 008.

Mi. iv. 001.

Mi. xi. 0089.

Mi. xi. 00115.

Mi. xii. 0028. b.

Mi. xi. 00126.

Mi. xii. 0030.

Mi. xi. 00127.

Mi. xi. 0094.

Mi. xviii. 005.

Mi. xxvi. 009.

Mi. xxiv. 001.

Mi. xii. 0031

Mi. xi. 00120.

Mi. xvii. 006.

Mi. xi. 0088.

Mi. xviii. 004.

Mi. i. 004. g, h.

Mi. xi. 0076 a.

CXXXVIII

◎泥浮雕底座

Mi.xviii.001

◎其他木浮雕、泥浮雕

出自焉耆明屋及其他遗址

比例：1:4

◎还愿用的陶器及各种泥浮雕

出自和田、吐鲁番等地

比例：2:5

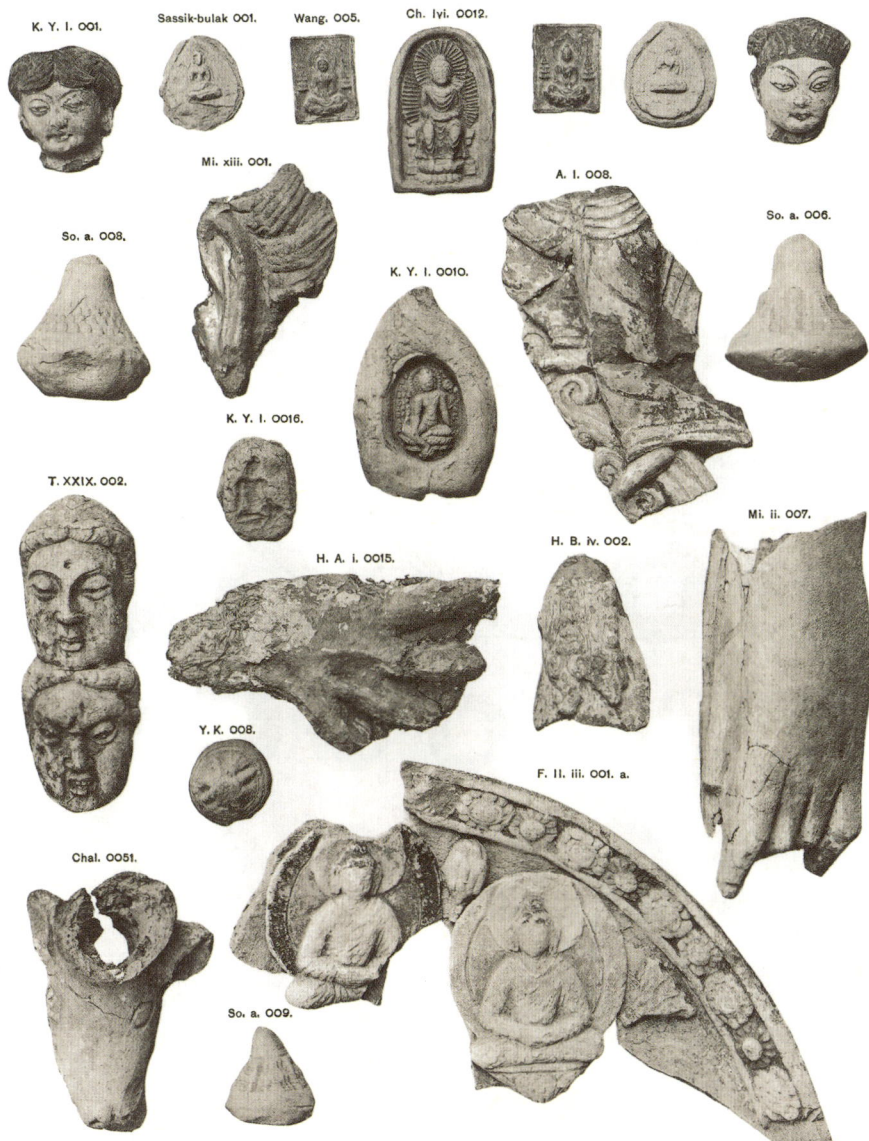

K. Y. I. OO1.

Sassik-bulak OO1.

Wang. OO5.

Ch. Ivi. OO12.

Mi. xiii. OO1.

A. I. OO8.

So. a. OO8.

K. Y. I. OO10.

So. a. OO6.

K. Y. I. OO16.

T. XXIX. OO2.

H. A. i. OO15.

H. B. iv. OO2.

Mi. ii. OO7.

Y. K. OO8.

F. II. iii. OO1. a.

Chal. OO51.

So. a. OO9.

◎汉佉二体钱，印度贵霜王朝、罗马及中国早期的古钱

出自楼兰和敦煌等地

见附录 B 的表格

比例：1:1

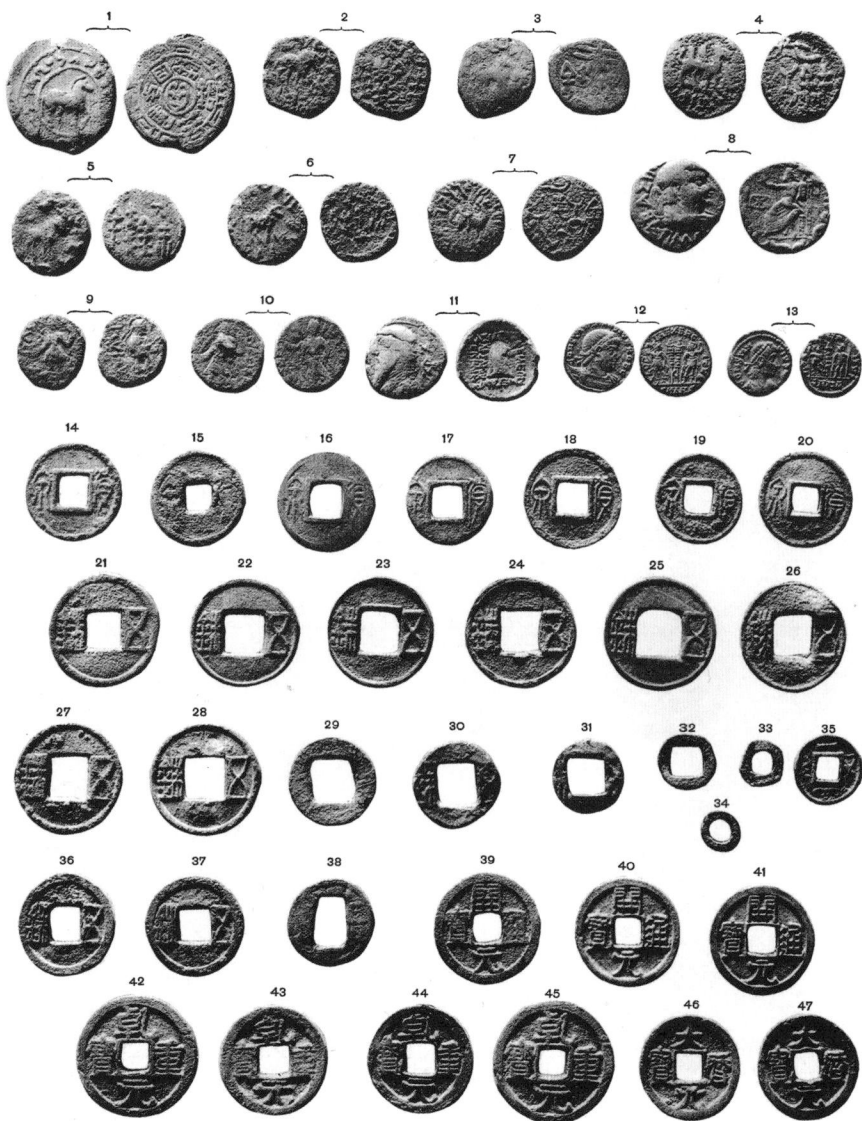

◎中世纪中国及穆斯林国家的古钱

出自叶尔羌、和田、喀达里克、瓦石峡和柯坪等地

见附录 B 的表格

比例：1:1

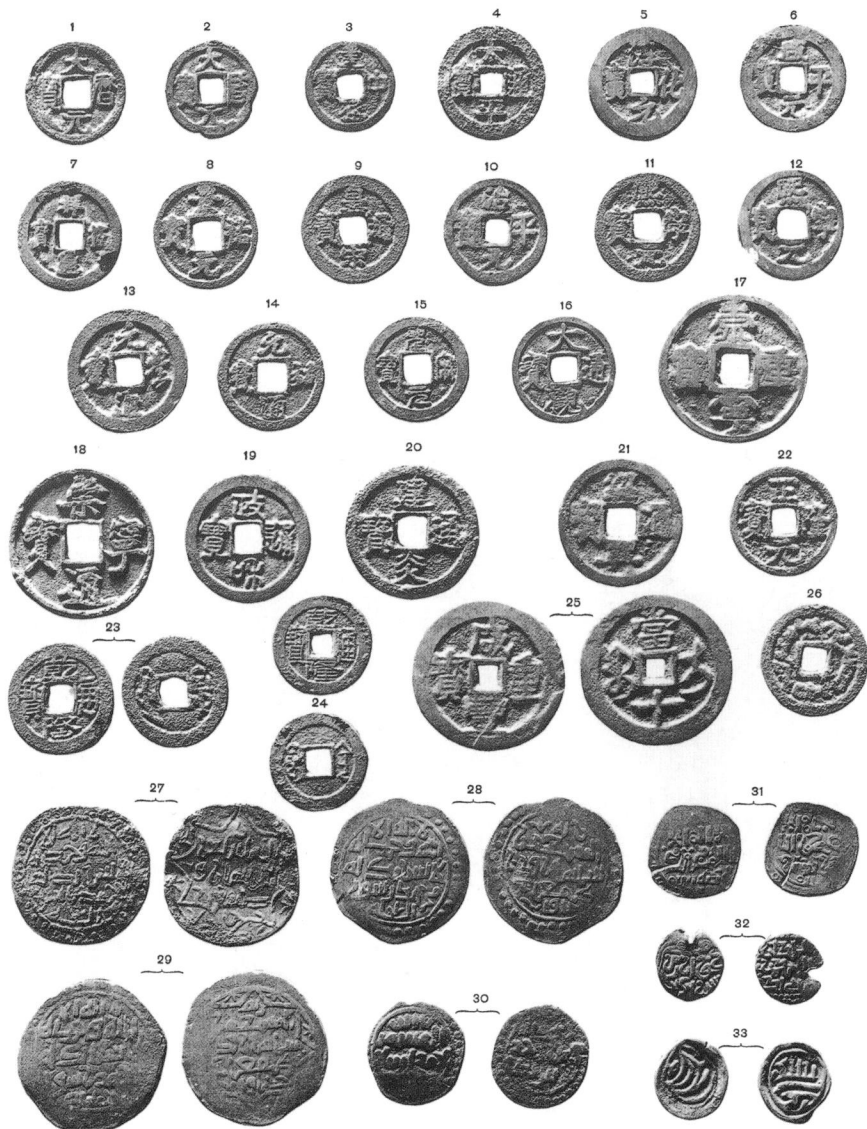

◎贝叶写卷《般若波罗蜜经》

Ch.0079

◎梵文贝叶写卷《大乘经》

出自敦煌千佛洞

见第二十四章第四节，附录 F

比例：1:2

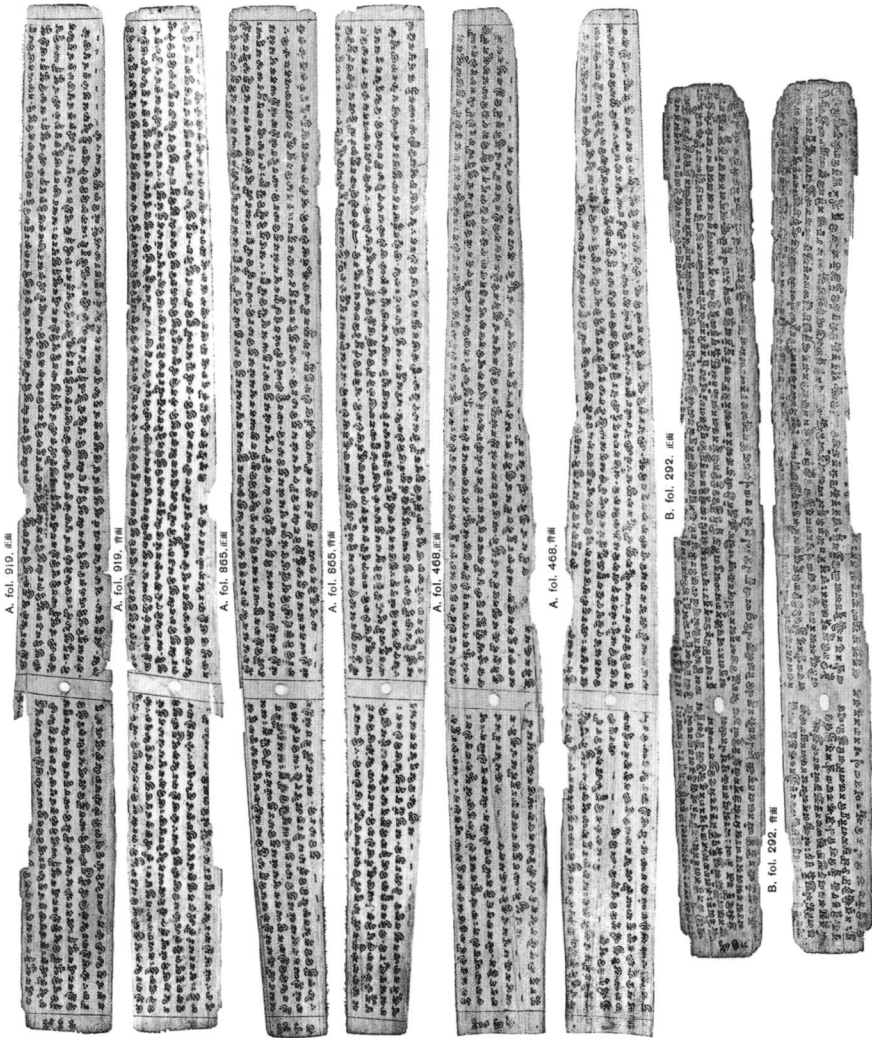

◎手抄梵文《自说经》

Ch.vii.001.A

敦煌千佛洞出土

◎梵文贝叶写卷

M.II.0011

米兰出土

见第十三章第一节，第二十四章第四节，附录F

比例：1:2

Ch. vii. 001. A. fol. 52. a. 正面

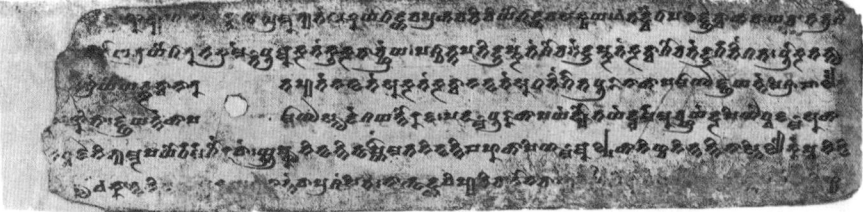

Ch. vii. 001. A. fol. 52. b. 背面

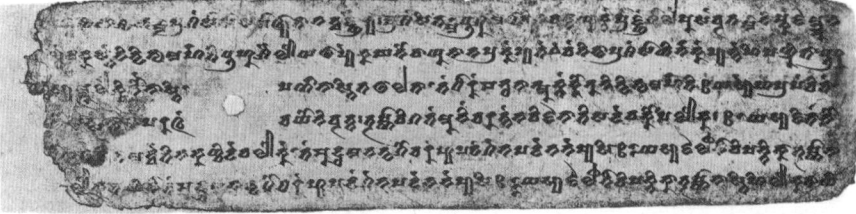

Ch. vii. 001. A. fol. 55. a. 正面

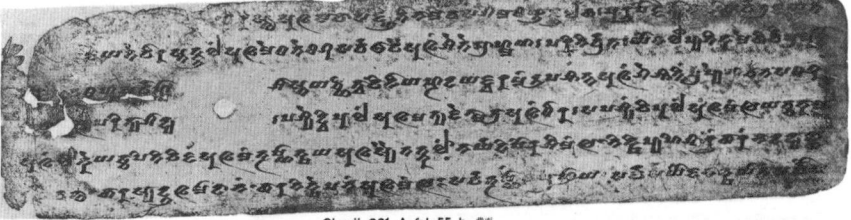

Ch. vii. 001. A. fol. 55. b. 背面

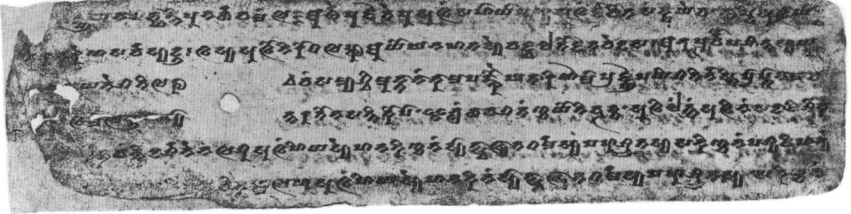

M. II. 0011. 正面

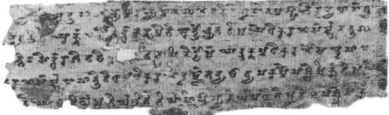

M. II. 0011. 背面

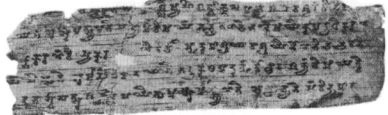

◎梵文《法华经》写卷

出自喀达里克和法哈特伯克亚依拉克

见第五章第一节，第三十一章第二节，附录 F

比例：1:2

Kha. I. 199. a. 第242页

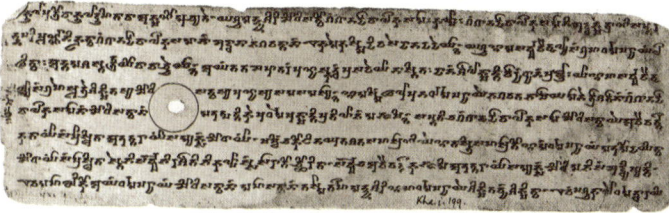

Kha. ix. 15.

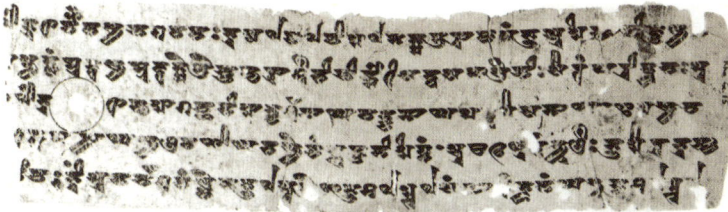

F. XII. 7. 第37页

F. XII. 7. 第27页

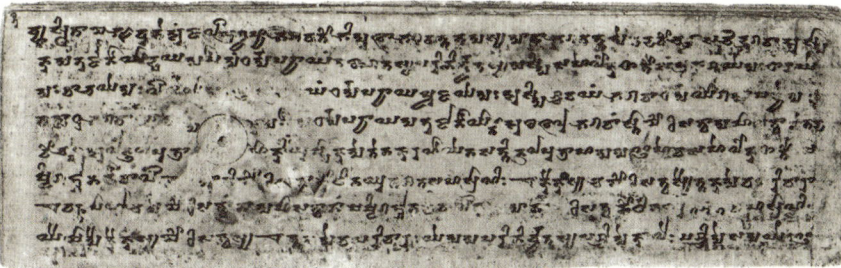

◎斜体笈多字体音节表

汉文写卷 Ch. lviii.007 背面

出自敦煌千佛洞

见第二十四章第四节，附录 F

比例：见图版

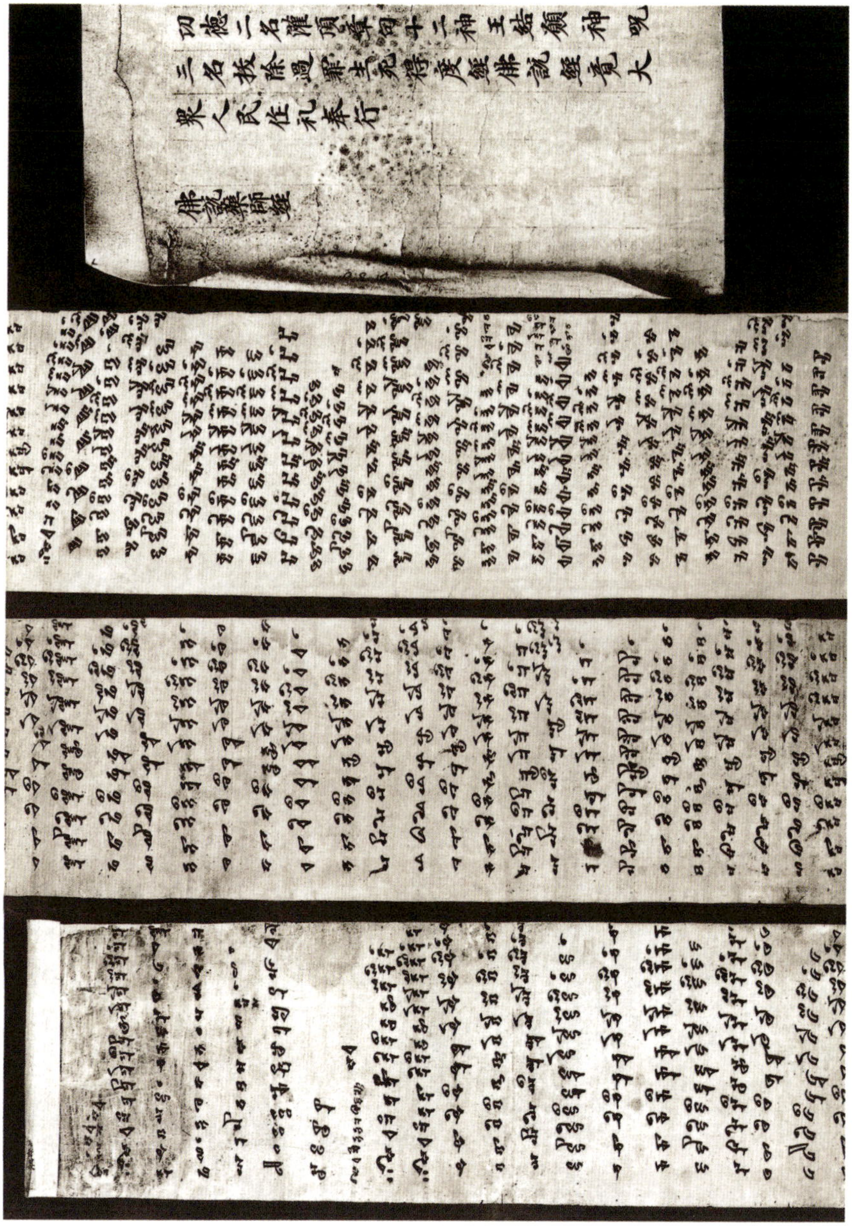

CXLVI

◎写卷

Ch.c.001 的开头及中间一部分

用不规范的笈多正体梵文书写

出自敦煌千佛洞

见第二十四章第四节，

附录 F（注意：左侧卷子放颠倒了）

比例：1:3

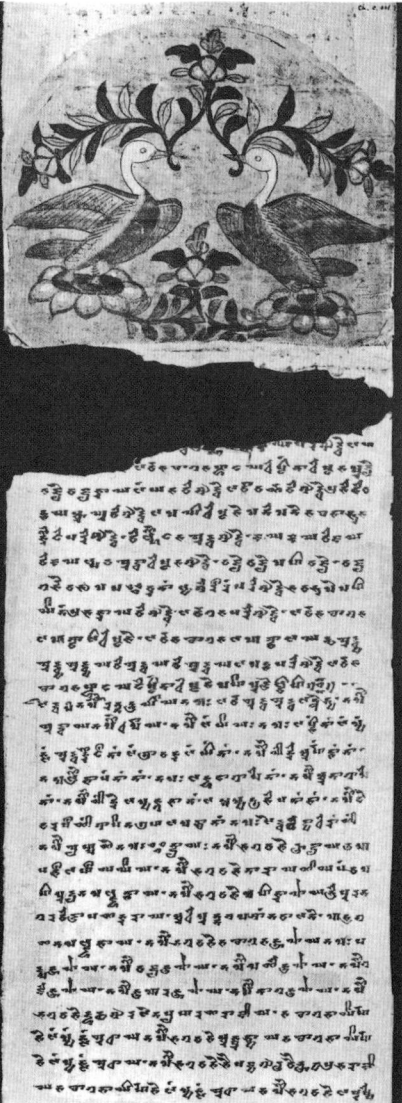

CXLVII

◎和田文写卷

用笈多斜体书写

出自敦煌千佛洞

见第二十四章第四节，附录 F

比例：1:4

Ch. 0044.   Ch. 0041.   Ch. 0043.

◎和田文写卷

用笈多正体与笈多斜体书写

出自敦煌千佛洞

见第二十四章第四节，附录 F

比例：1:4

正面　　　　　　　　　Ch. cvi. 001.　　　　　　　反面

Ch. lxviii. 001. 第 255 页

CXLIX

◎和田文菩提写卷

用笈多正体与笈多斜体书写

出自敦煌千佛洞

见第二十四章第四节，附录 F

比例：1:2

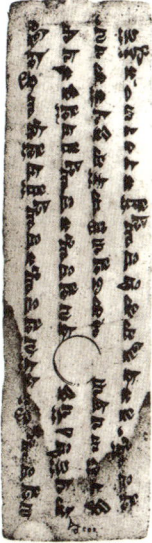

Ch. OO275. 第33页 正面

Ch. xlvi. OO12. A. 第19页

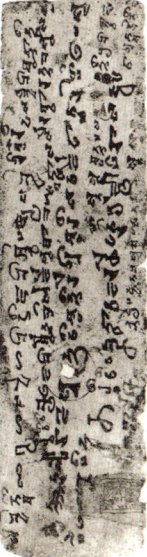

Ch. OO275. 第1页 正面

Ch. OO275. 第1页 反面

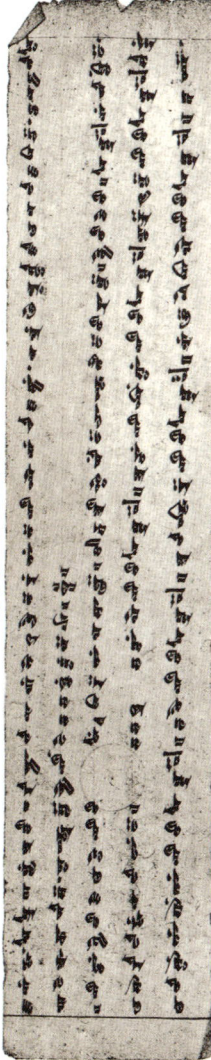

Ch. ii. OO2.（行文末端的那一页）

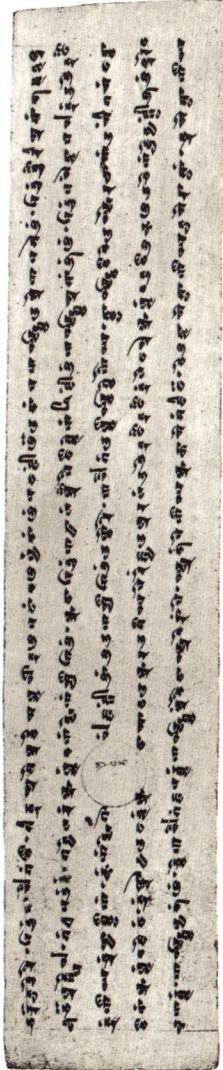

Ch. ii. OO2. 第155页

◎和田文菩提写卷

用笈多正体与笈多斜体书写

出自敦煌千佛洞

见第二十四章第四节，附录 F

比例：1:2

Ch. ii. 003. 第115页

Ch. ii. 003. 第100页

Ch. xlvi. 0015. 第1页

Ch. xlvi. 0015. 第7页

Ch. 00274. fol. 39. 第39页 正面

Ch. 00274. 第1页 反面

◎**和田文与藏文写卷**

出自麻扎塔格

◎**梵文木牍**

出自法哈特伯克亚依拉克遗址

见第三十一章第一节，第三十二章第一节，附录F

比例：2:5

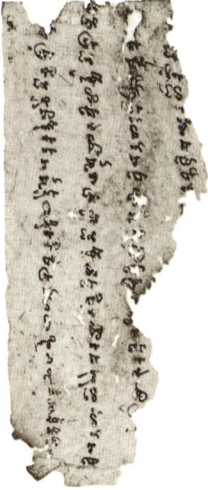

M. Tagh. a. l. OO36.

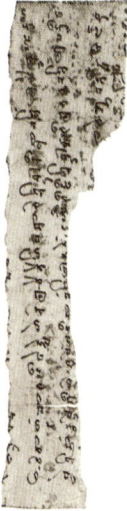

M. Tagh. c. OO2O. 正面

M. Tagh. c. OO2O. 反面

M. Tagh. c. OO18.

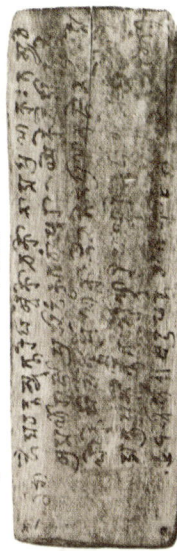

F. I. a. 1.

M. Tagh. a. l. OO33.

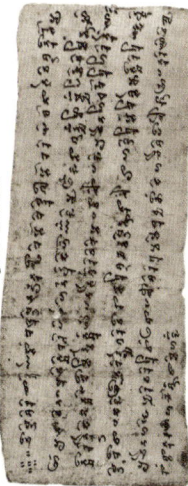

M. Tagh. b. II. OO65.

◎菩提写卷

用龟兹文（Ch.00316）与和田文书写

出自敦煌千佛洞

见第二十四章第四节，附录 F

比例：3:7

Ch. xlvi. 0013.　B.

Ch. 0O276. 第12页

Ch. 0O277. 第1页 背面

Ch. 0O277. 第2页 正面

Ch. xlvi. 0012.　B.

Ch. xlvi. 0012.　C.

Ch. 0O316. a. 正面

Ch. 0O316. a. 背面

Ch. 0O316. b. 正面

Ch. 0O316. b. 背面

Ch. ii. 004. 第4页

◎早期粟特文文书

写在纸上（尚未打开）

出自敦煌古长城 T.XII.a 遗址

◎早期粟特文文书残卷

L.A.VI.ii.0104

出自楼兰

见第十一章第三节，第十八章第四节，

第二十章第七节

比例：6:7

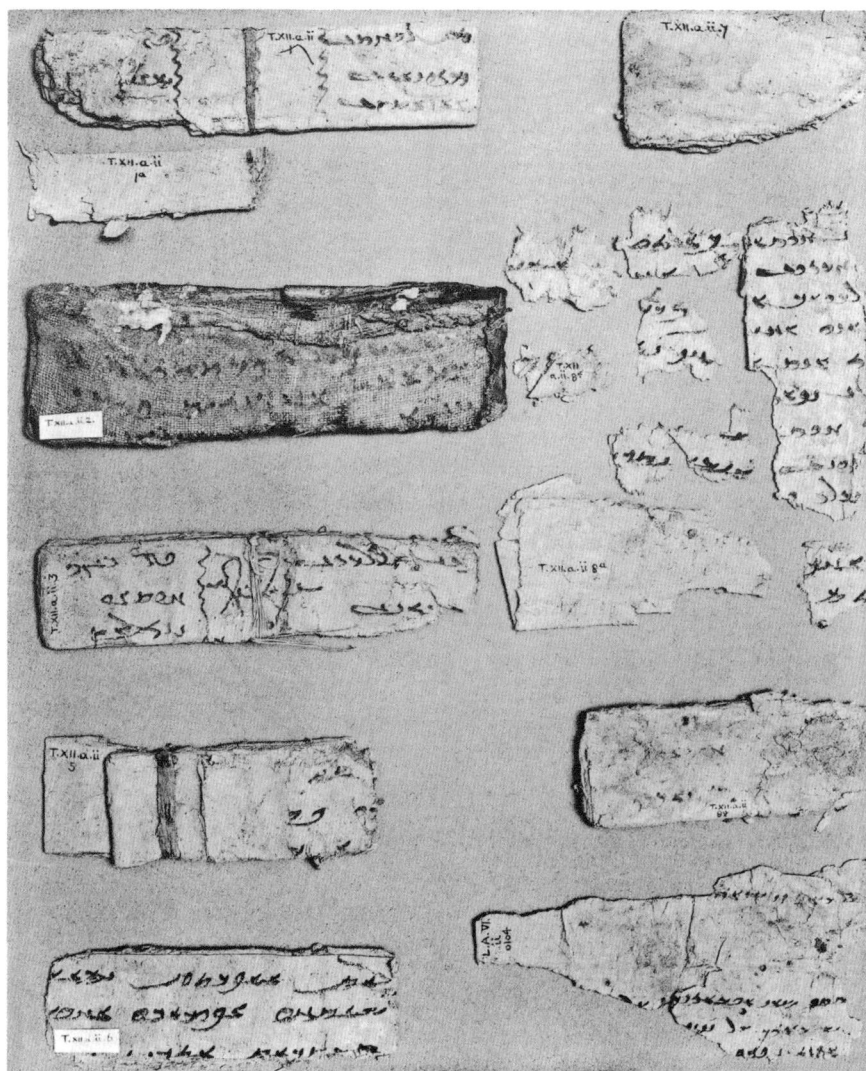

◎早期粟特文写卷

出自敦煌古长城 T.XII.a 遗址

见第十八章第四节，第二十章第七节

比例：1:2

T. XII. a. ii. 2.
（总序）

T. XII. a. ii. 8. a–f.

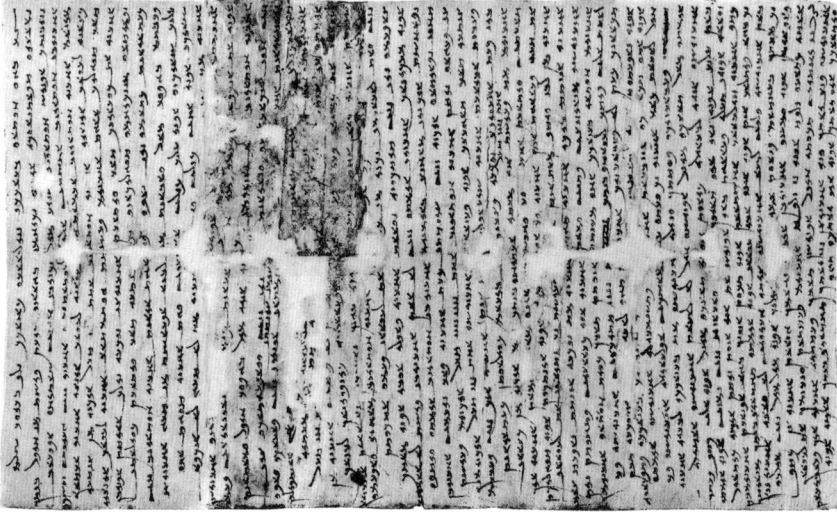

T. XII. a. ii. 2.

◎早期粟特文写卷

出自敦煌古长城 T.XII.a 遗址

见第十八章第四节，第二十章第七节

比例：1:2

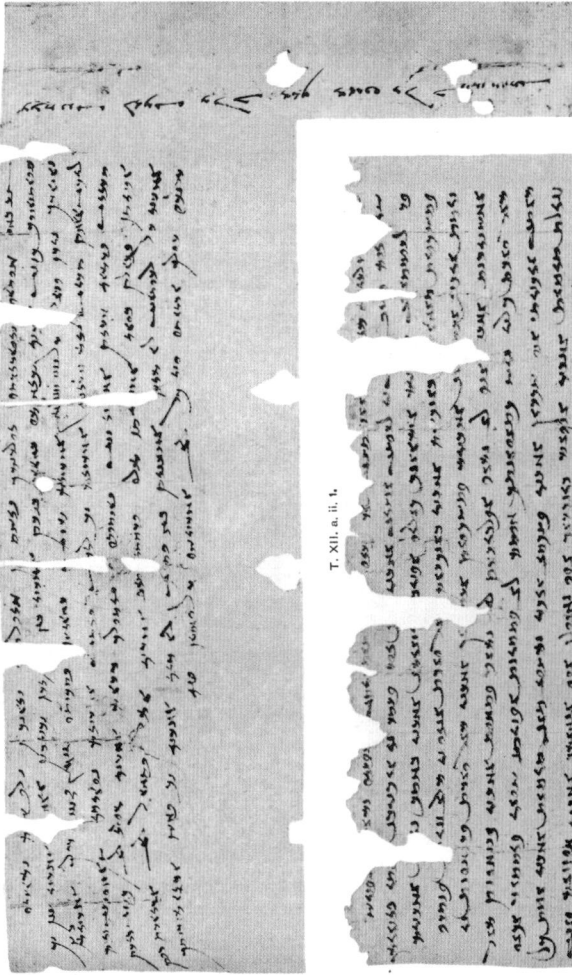

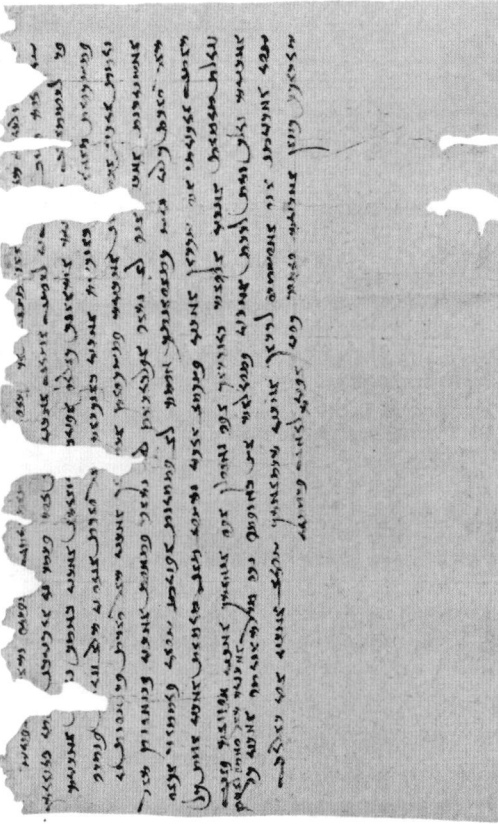

◎早期粟特文写卷

出自敦煌古长城 T.XII.a 遗址

见第十八章第四节，第二十章第七节

比例：1:2

T. XII. a. ii. 7.

T. XII. a. ii. 6.

T. XII. a. ii. 5.

◎早期粟特文文书

写在纸和木板上

出自敦煌古长城 T.XII.a 和 T.VI.c 遗址

见第十七章第四节，第十八章第四节，

第二十章第七节

比例：1:2

T. XII. a. ii. 3.

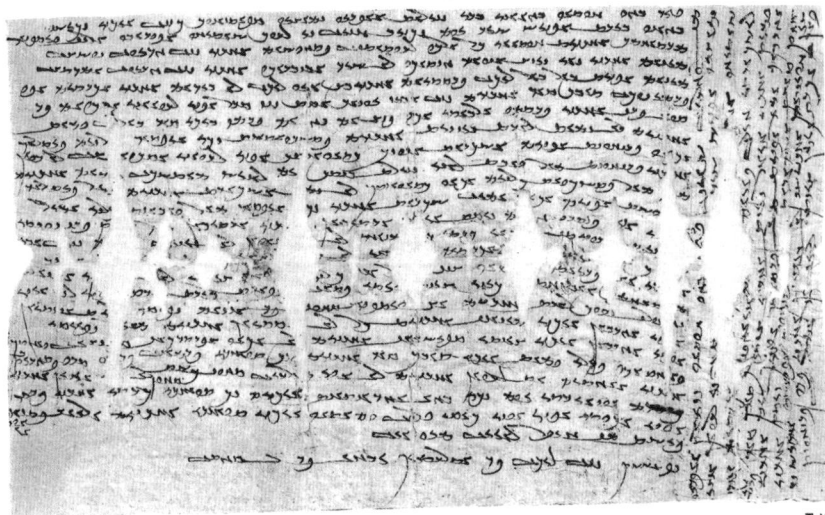

T. XII. a. ii. 8. g.

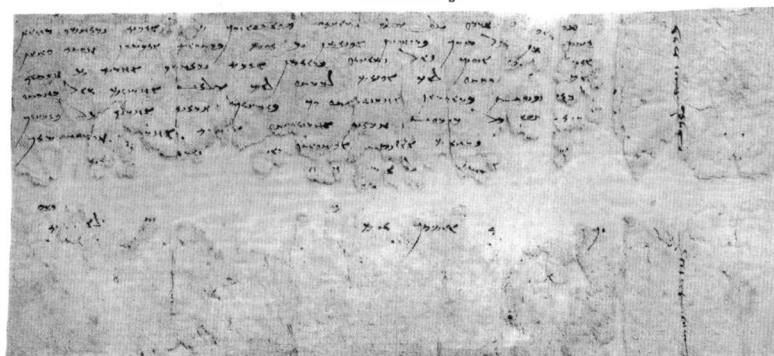

T. VI. c. ii. 1.

CLVIII

◎粟特文写卷

出自敦煌千佛洞

见第二十四章第五节

比例：3:7

Ch.0093.a. 第 13 叶　背面

Ch.0093.a. 第 13 叶　正面

Ch.0093.b. 背面

Ch.0093.b. 正面

CLIX

◎突厥如尼文文书

M.1.xxxii.006

出自米兰的吐蕃堡垒

见第十二章第四、七节

比例：4:7

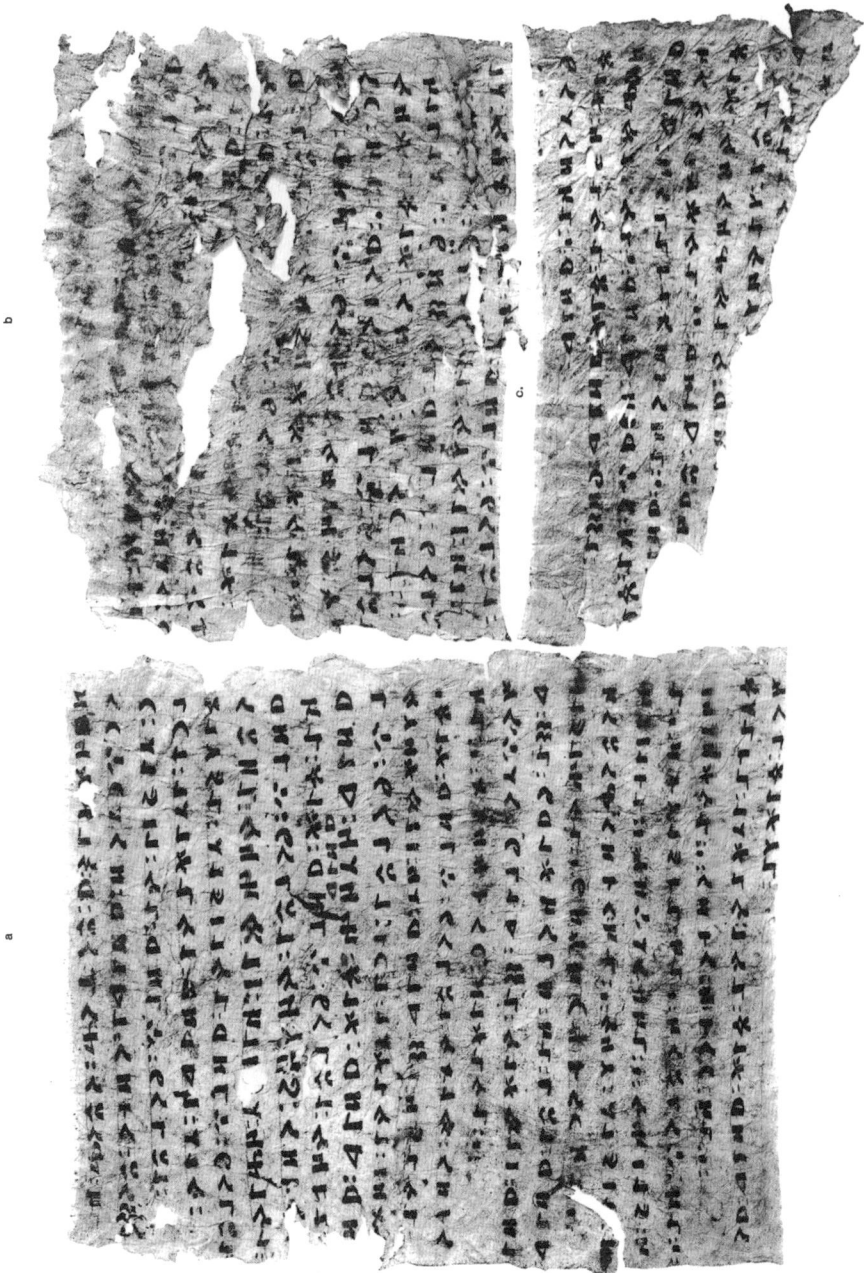

◎突厥如尼文写本残片

Ch.0033

出自敦煌千佛洞

见第二十四章第五、六节

比例：3:4

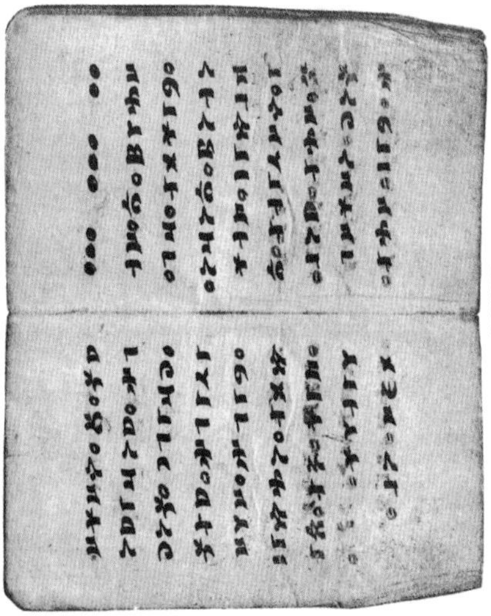
第25-26页

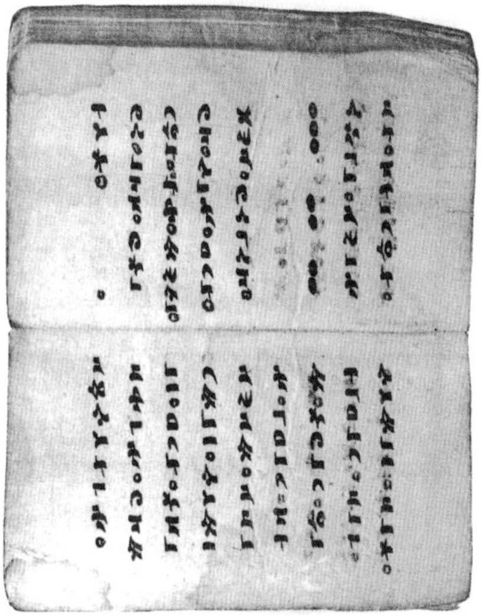
第89-90页

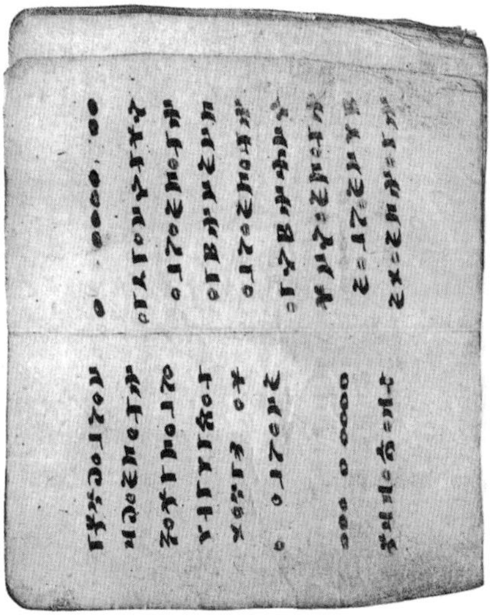
第27-28页

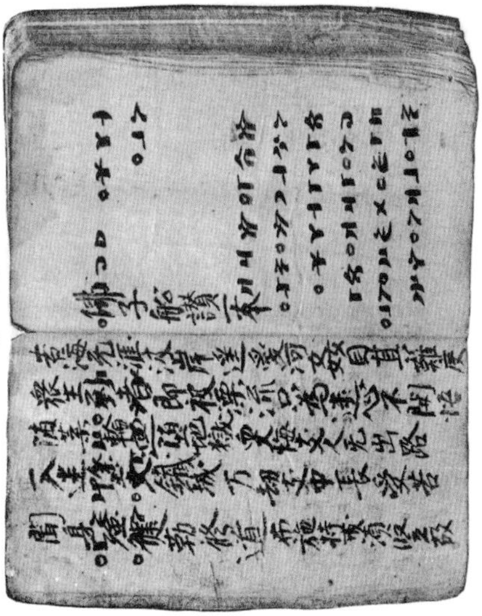
第101-102页

◎突厥如尼文写卷残片

出自敦煌千佛洞

见第二十四章第五、六节

比例：5:12

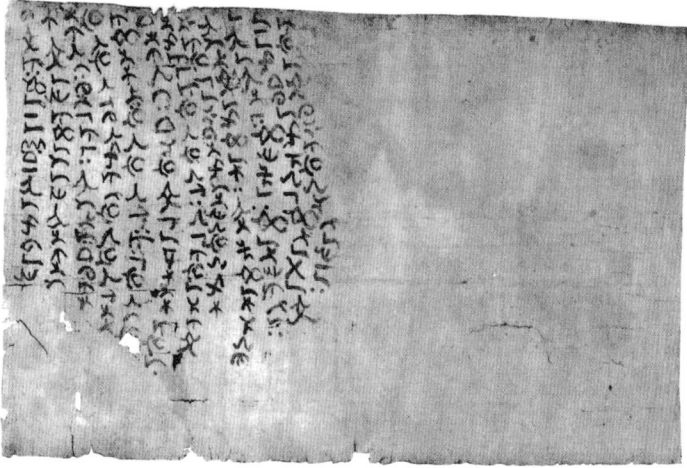

Ch. 00183.

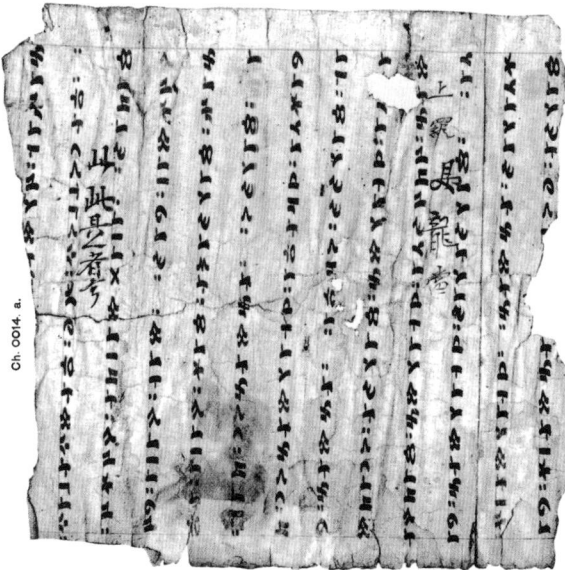

Ch. 0014. a.

Ch. 0014. d.

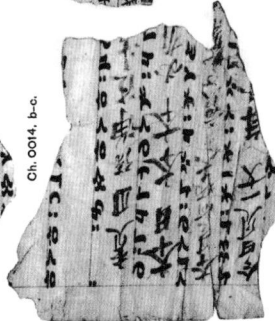

Ch. 0014. b-c.

◎摩尼教徒忏悔词

写卷 Ch.0015 的一部分，经文用突厥文书写

出自敦煌千佛洞

见第二十四章第五、六节

比例：3:5

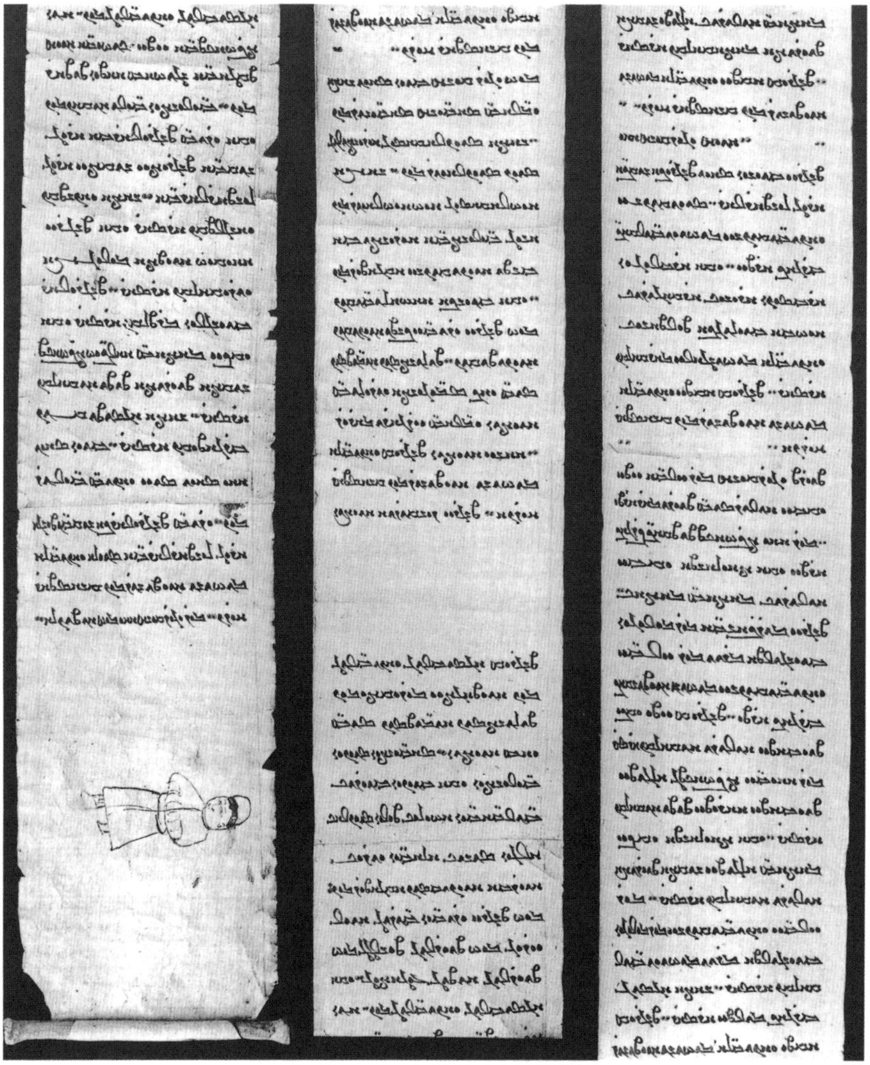

CLXIII

◎回鹘文写本

Ch.xix.001

出自敦煌千佛洞

见第二十二章第四节，第二十四章第五、六节

比例：4:5

第 1 卷第 1 页反面、第 2 页正面

第 2 卷第 14 页反面、第 15 页正面

◎回鹘文写本

出自敦煌千佛洞

见第二十二章第四节，第二十四章第五、六节

比例：见图版

Ch. xxvii. 002. (³/₄)

Ch. xix. 002. (²/₃)

◎回鹘文写本及长卷

出自敦煌千佛洞

见第二十二章第四节，第二十四章第五、六节

比例：见图版

Ch. 00287. (²/₅)

佛眼必文殊师利灭神力故成芈哩戮雄摩

目见特頼庚

小菩薩者仁者雅熊致钦

Ch. xix. 003　　第 46 页正面　　(³/₄)

46

Ch. xix. 003　　第 46 页反面及 47 页正面　　(³/₄)

善哉

善哉

◎汉文写卷

其中 Ch.922（公元 416 年）是敦煌地名词典

出自敦煌千佛洞

见第二十四章第四节

比例：2:5

Ch. 922 （公元416年）

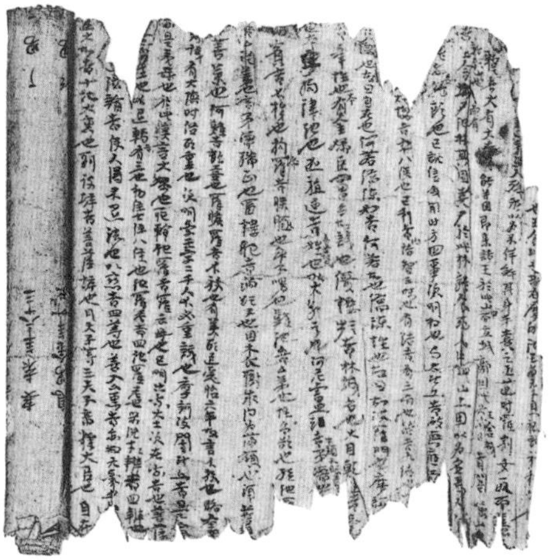

Ch. 916.

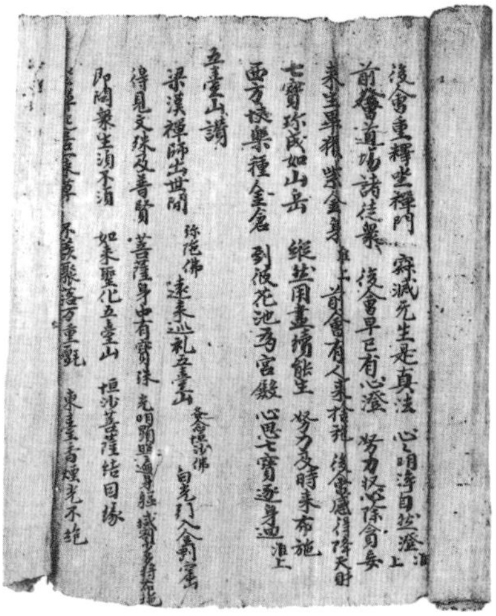

Ch. 1181 （公元521年）

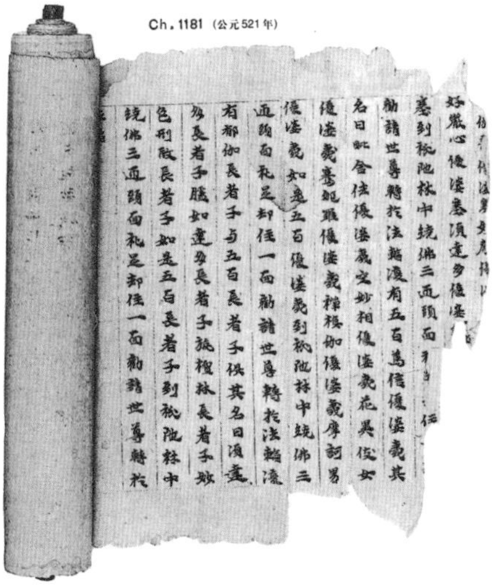

Ch. 759.

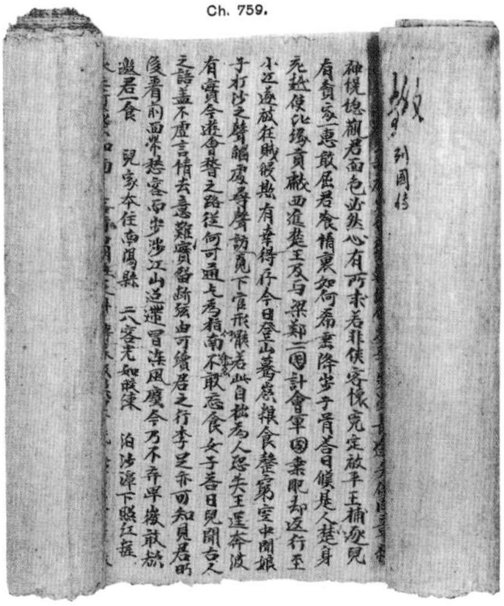

CLXVII

◎汉文写卷

其中 Ch.cv.001 盖有三界寺的印戳

出自敦煌千佛洞

见第二十四章第四节

比例：2:5

Ch. 936.

Ch. cv. 001.

大般涅槃經第九

三界寺藏經

〔三界寺藏經〕

如是為㧑南方諸菩薩摩訶薩有陽治法
而弥㳽其寔爰正法欲减信至罰實具足缺
潛没地中戎有信者有不信者如是大乘方
等經典甘露法味悉没於地是經巳一切皆
餘大乘經典背悉減没若得是經具足无
敵人中為王諸菩薩等當知如來无上正法
將没不夂

Ch. 905.

皇帝癸未年曆運藏梁翻譯
迎 太栢七言詩
蔡煙節假賞幽閒迎奉頃心
鸜語雕樑聲狩狠鸚吩渌樹頭頌開關
為安眾國千塲戰思憶慈親兩頹班
孝道未能全報得直須頂遺孫山
題北京西卅……

Ch. 935.

西天路竟一本 東京至靈州四千里兴
靈州西行二十日至甘州是行至又卅五日至肅州又
西行可至玉行閒五日到 行二百里至沙州眾又西行
二日至瓜州又西三行日至 沙州又西行三十里入兒廠
積行八日 出磧至伊州一百至甬日日國又
西行千里至民國又西行 千里至龜茲國又西
行三日入窩鹿國又西南行 十日至開國國又西行
十五日至嶽勒國又西南行二千餘日至布婁沙國又西行
西行二十餘日至拋濕彈羅國又西南行二十日至西方

CLXVIII

◎标有年代的汉文写卷及文书

出自敦煌千佛洞

见第二十四章第四节

比例：2:5

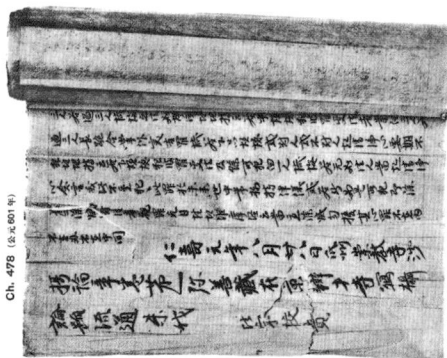

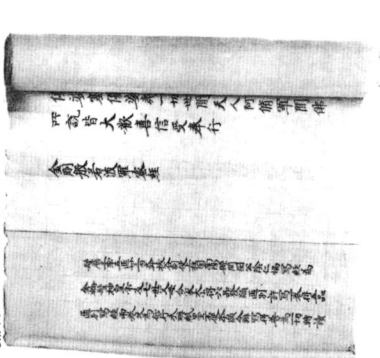

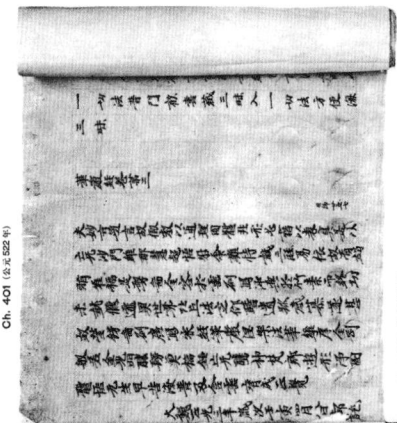

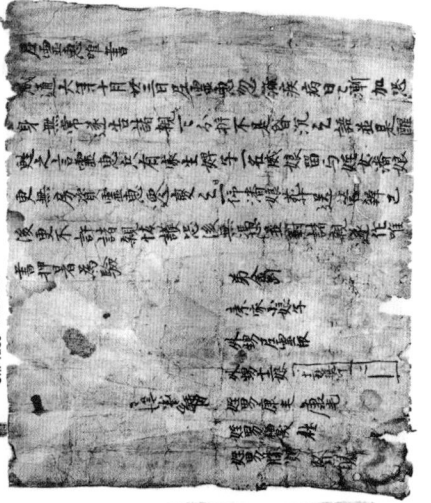

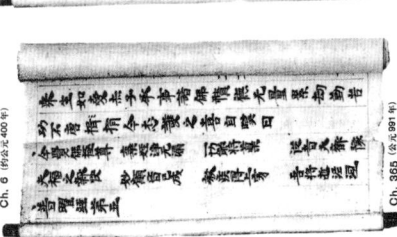

◎**汉文写卷拓片**（Ch.1080）

出自敦煌千佛洞

见第二十四章第四节

比例：2:5

Ch. 1024.

Ch. 1073.

Ch. 1080.

Ch. 917 （公元886年）

CLXX

◎藏文文书

出自米兰 M.I 要塞

见第十二章第五节，附录 G

比例：1:2

M. I. i. 23.

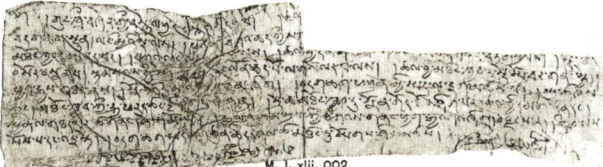

M. I. xliv. 0012.

M. I. xlii. 002.

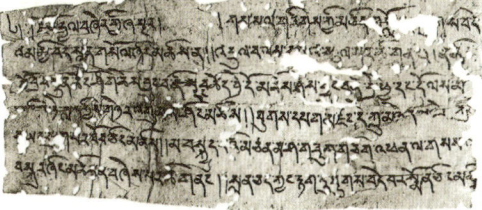

M. I. xxiv. 0034.

M. I. xliv. 7

M. I. xliv. 0014.

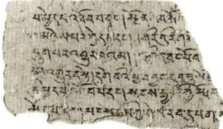

M. I. xxxii. 4.

M. I. xxviii. 003.

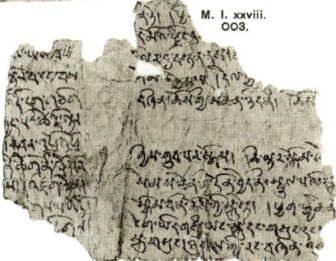

M. I. xxxiv. 11.

M. I. xvi. 22.

M. I. xxvii. 18.

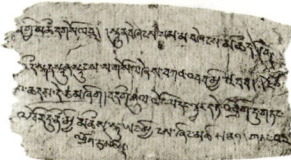

◎藏文木牍

出自米兰 M.I 要塞

见第十二章第五节，附录 G

比例：1:2

M. I. vii. 54.

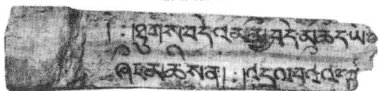

M. I. viii. 3.

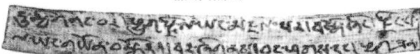

M. I. x. 7.

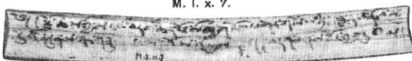

M. I. xxxiii. 3.

M. I. i. 3.

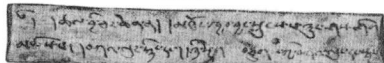

M. I. vi. 2. a.

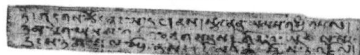

M. I. ix. 71.

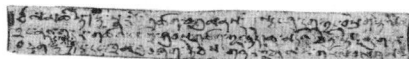

M. I. xiv. 0016.

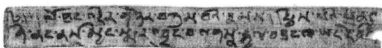

M. I. x. 3.

M. I. vii. 33.

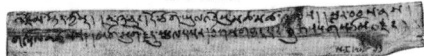

M. I. xxvii. 7.

M. I. xxviii. 0014.

M. I. xxiii. 008.

M. I. xxviii. 6.

M. I. xiv. 33.

M. I. xxviii. 0033.

M. I. xxviii. 0010.

M. I. vii. 35.

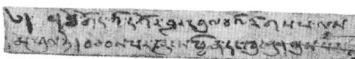

M. I. viii. 89. a.

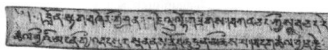

M. I. xix. 001.

M. I. xlii. 1.

M. I. xxxiv. 1.

M. I. xxxiii. 5.

M. I. ii. 40.

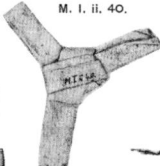

M. I. xxviii. 2.

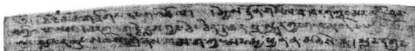

M. I. vii. 16.

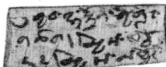

M. I. xxviii. 006.

M. I. viii. 22.

M. I. xxvii. 8.

◎藏文文书

写在纸和木片上

出自麻扎塔格

见第三十二章第一节，附录 G

比例：1:2

M. Tagh. c. IV. 0043.

M. Tagh. b. II. 0029.

M. Tagh. a. IV. 0045.

M. Tagh. c. IV. 0020.

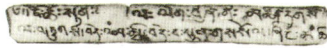

M. Tagh. a. IV. 0084.

M. Tagh. c. I. 0011.

M. Tagh. a. III. 0040.

M. Tagh. a. IV. 0074.

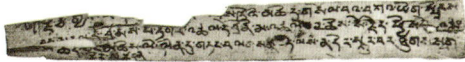

M. Tagh. c. II. 0040.

M. Tagh. c. III. 0019.

M. Tagh. c. II. 0011.

M. Tagh. c. III. 0025.

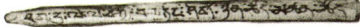

M. Tagh. a. III. 0011.

M. Tagh. c. III. 0043.

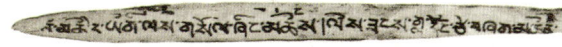

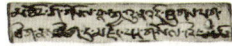

M. Tagh. a. IV. 0014.

M. Tagh. a. V. 0015.

M. Tagh. b. II. 0051.

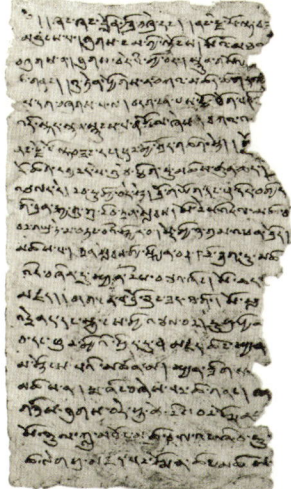

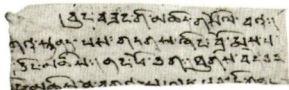

M. Tagh. b. II. 0052.

M. Tagh. c. II. 0064.

M. Tagh. b. II. 001.

◎藏文菩提写本及成卷的佛经

出自敦煌千佛洞

见第二十二章第二节，第二十四章第五节，附录I

比例：3:10

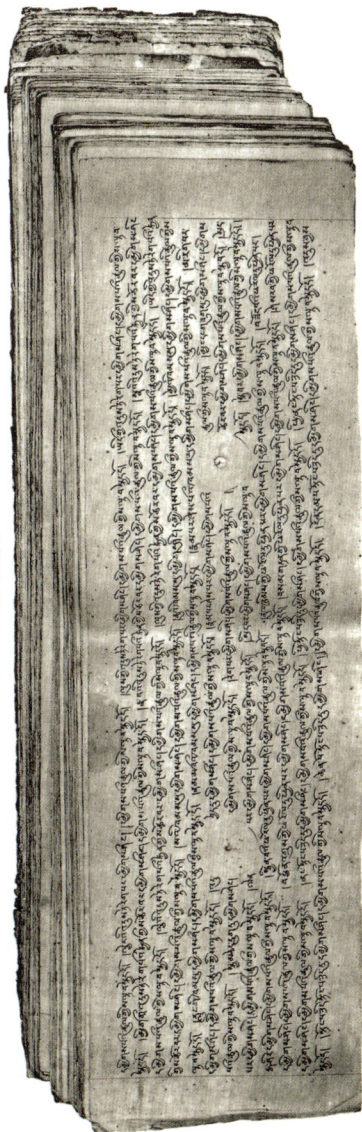

Ch. Of. a, b.

Ch. O5.

Ch. O1.

◎藏文菩提写本及成卷的佛经

出自敦煌千佛洞

见第二十二章第二节，第二十四章第五节，附录 I

比例：2:7

Ch. O3. a.

Ch. O3. b.

Ch. O4.

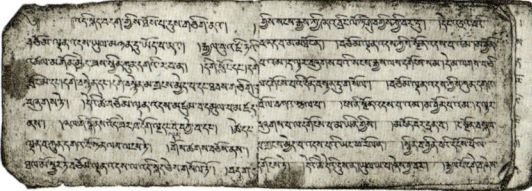

Ch. O11.

Ch. O8.

Ch. O7.

Ch. O10.

Ch. O2.

Ch. O9.

◎汉文题识拓片（公元851年）

出自敦煌千佛洞石室

见第二十二章第一、二节，附录 A.Ⅲ

比例：1:3

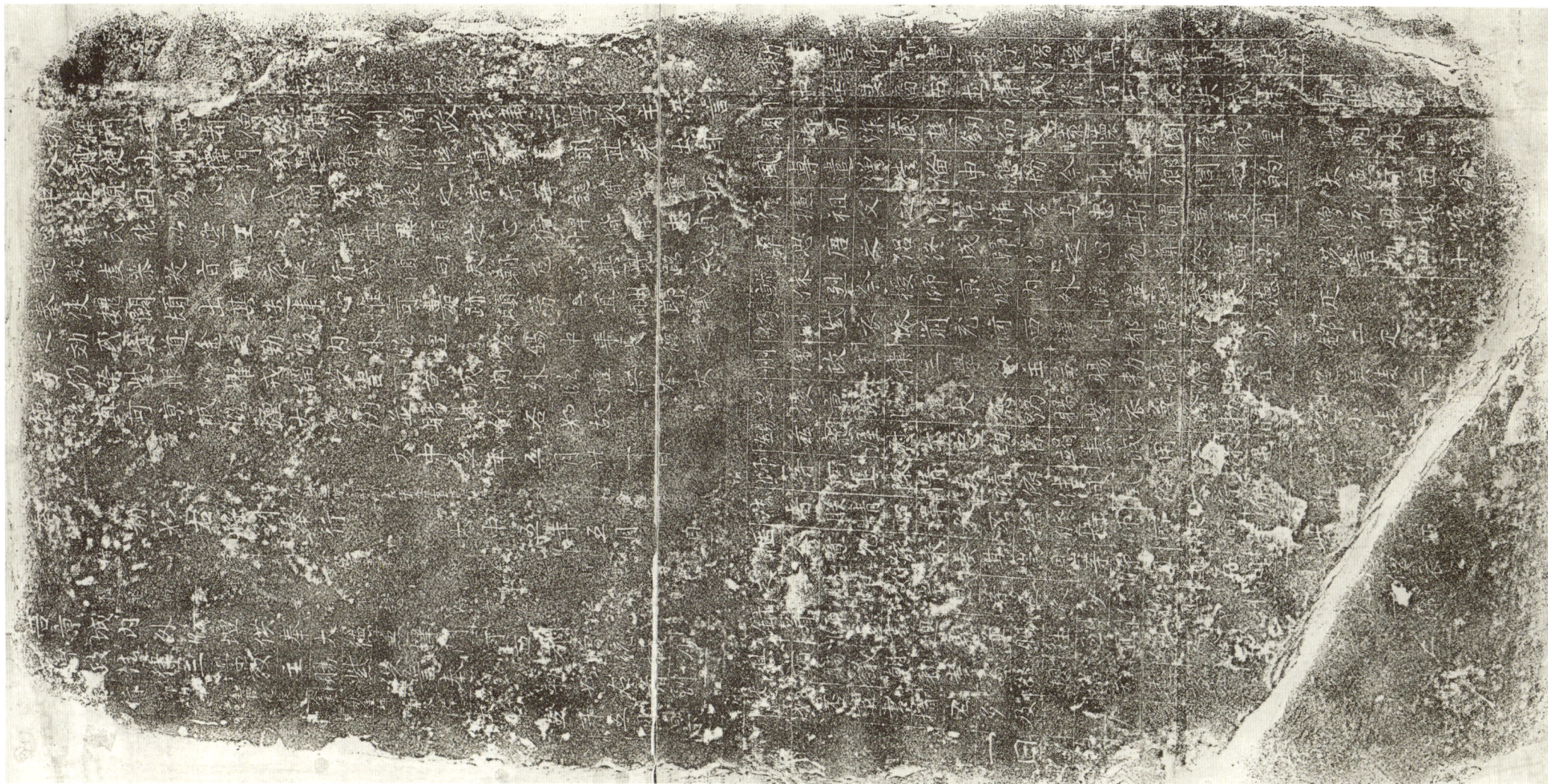